働く人のための自己肯定感

中島　輝

朝日文庫

本書は二〇一五年十一月、小社より刊行された『負の感情を捨てる方法』を改題し、大幅に加筆修正したものです。

はじめに

「嫌だなと思っている上司から、言われたキツイ言葉を思い出してムカムカした」
「自分のしたミスで、周りに迷惑を掛けてしまいモヤモヤした気分になった」
「同期と比較されるのが嫌で、一生懸命仕事に打ち込んでいたのに、努力してない同期ばかりが褒められて惨めな気分になった」
「家族と些細なことで喧嘩になったが、いつまでも怒りが収まらない」
「SNSで知人の充実した投稿を見て、ムカッときた」

誰もがこんな負の感情を抱いた経験があるかもしれません。これが休みの前日の夜であれば、あなたの感情もいずれは落ち着き、ポジティブな気分になれるかもしれません。

でも、次のようなタイミングだったらどうでしょうか？

「大事なお客様を相手にプレゼンしなければならない前日だったら？」

「これから、会議で上司に報告しなければならない状況だったら？」

「大事な就職の面接の日だったら？」

「ほとんど時間がない中で、顧客先に提出する絶対にミスが許されない重要な資料づくりをしなければいけない状況だったら？」


こうしたネガティブな感情を一度、抱いてしまったら、そこからなかなか抜け出せず、何度も、何度もそのことを考えてしまう。そんなことはありませんか。

目の前にやることはたくさんあるのに、集中できずに、納期が遅れたり、あり得ないミスをしたり。感情が落ち込むことで、仕事のパフォーマンスは大きく低下してしまいます。

でも、大丈夫。安心してください。

この本では、どんなにマイナスの感情が湧き上がったとしても、短い時間で立ち直り、目の前の仕事に集中し、パフォーマンスを最大限に上げる方法を紹介したいと思います。

落ち込んでも大丈夫な人、そうでない人の違い

私たち人間は、何も感情のない機械のように活動しているわけではありません。どんな行動をするときにも、必ず感情が伴います。

気分が良ければ行動のパフォーマンスも上がり、失敗しても前向きに捉えることができるので、最終的に良い結果を得られる可能性が高くなります。

一方で、気分が悪ければ行動のパフォーマンスはどうしても下がってしまいます。たまたま、かろうじてうまくいったとしても、千載一遇のチャンスをモノにすることはできません。最終的に悪い結果を引き寄せる確率が非常に高くなってしまうのです。

どんなに優秀な人でも失敗したり、挫折したり、うまくいかないこともあります。

しかし、彼らが成功している所以《ゆえん》は、なるべく気分が良い状態で、行動を積み重ねた結果、素晴らしいチャンスを引き寄せているのです。トラブルがあっても、少し落ち込むことはあっても、自分のパフォーマンスを落としてしまうような負の感情にとらわれないという人が、本当にメンタルが強い人なのです。

○負の感情から守ってくれる「自己肯定感」

では、ここで感情の波がどうして起こるのか？　ということについて、詳しく紹介することにしましょう。

何か問題があったときに、大きく感情が落ち込んでパフォーマンスを落としてしまう人は、なぜ、そんなに感情が大きく落ち込むのか考えたことはありますか？

実は、その感情の波には、あなたの「自己肯定感」が大きくかかわっているからです。

たとえば、次のようなシチュエーションで、あなたはどう感じるでしょうか？

あなたは、上司と一緒にお客様の会社で大切な企画案を提出する会議に参加することになりました。準備万端で臨もうとしたそのとき、どうしても断れない他のお客様からの電話が、掛かってきました。なんとかその場を収めて、10分ほど遅れて会議に出席しましたが、あなたが席に座るとすぐに上司と目が合いました。

ここで、あなたの自己肯定感が低い場合、「ああ～怒ってるな～。一度、怒ると後で、すごく詰《なじ》られるから嫌だな」と不安になります。せっかく準備万端で用意した資料も上司の機嫌が気になってしまって、不十分な説明になってしまい、結局、お客様から採用されない提案になってしまうこともあるのです。

しかし、あなたの自己肯定感が高い場合には捉え方が大きく異なるはずです。「自分が説明しなければ、この企画は通らない。上司も私がどのように振る舞うか期待しているに違いない」と前向きに、この状況を捉えることができるのです。

結果的に自信を持って、お客様に提案することができて、首尾よく提案が採用される、ということも少なくありません。仮にお客様から採用されなかったとしても、問題点を冷静に分析することができる気持ちの余裕があります。失敗を生かし、次につなげることさえできるのです。

つまり、どのような結果が起きようとも、自分が向いてないから失敗をしたというマイナスな気持ちを抱かないということなのです。

ところが、自己肯定感が低くなると、私たちの感情は、ちょっとしたことで大きく揺れ動きます。気分も沈みやすくなり、パフォーマンスは大きく低下してしまうのです。

物事やシチュエーションをネガティブに捉えるのではなく、ポジティブに捉えることとは、心理学でいうところの「認知」を変えるということです。

認知とは、ものの見方や捉え方です。現在、自分が置かれているシチュエーションや自分が持っているリソースは、ものの見方や捉え方で、その後の展開も大きく変わります。そして認知を変えることができれば、行動も変えることができます。つまり、成功しやすい行動を選択することができます。

認知を変えるのは並大抵の努力では難しいものです。なぜならば、認知というのは、自分のこれまで培ってきた価値観や思い込み、習慣など、自分のよって立つ生き方に大きくかかわることだからです。認知を変えろというのは、自分のこれまでの生き方を全て変えろと言われているようなものだからです。

だから、認知を変えようと思っていても、知らず知らずのうちに、すぐに元の考え方に引き戻されてしまいます。なぜ、元に戻ってしまうのかというと、自分がこれまで育んできたものの見方や捉え方の方が、ラクだからです。

しかしながら、自分がものの見方や捉え方を変えなければ、行動は変わらないので、今の状況を変えることはできません。自分が変わりたいのであれば、認知を変えるしかないのです。では、どうすれば認知が変わるのか？

そこで、皆さんに提案したいのが、自己肯定感を成長させることです。自己肯定感を育てて、成長させることで、自分の認知は容易に変えることができるのです。

なぜ、簡単に変えられるのかというと、自分の価値観や思い込み、習慣などは全て自己肯定感によって育まれているからです。自己肯定感を成長させて、認知を変えること。すなわちそれは、生き方を良い方向に自分自身でコントロールすることができるということなのです。

成功を手にできる「自己肯定感」とは？

私が皆さんに自己肯定感を紹介するときに、いつもイメージしてもらうものがあり

自己肯定感の木

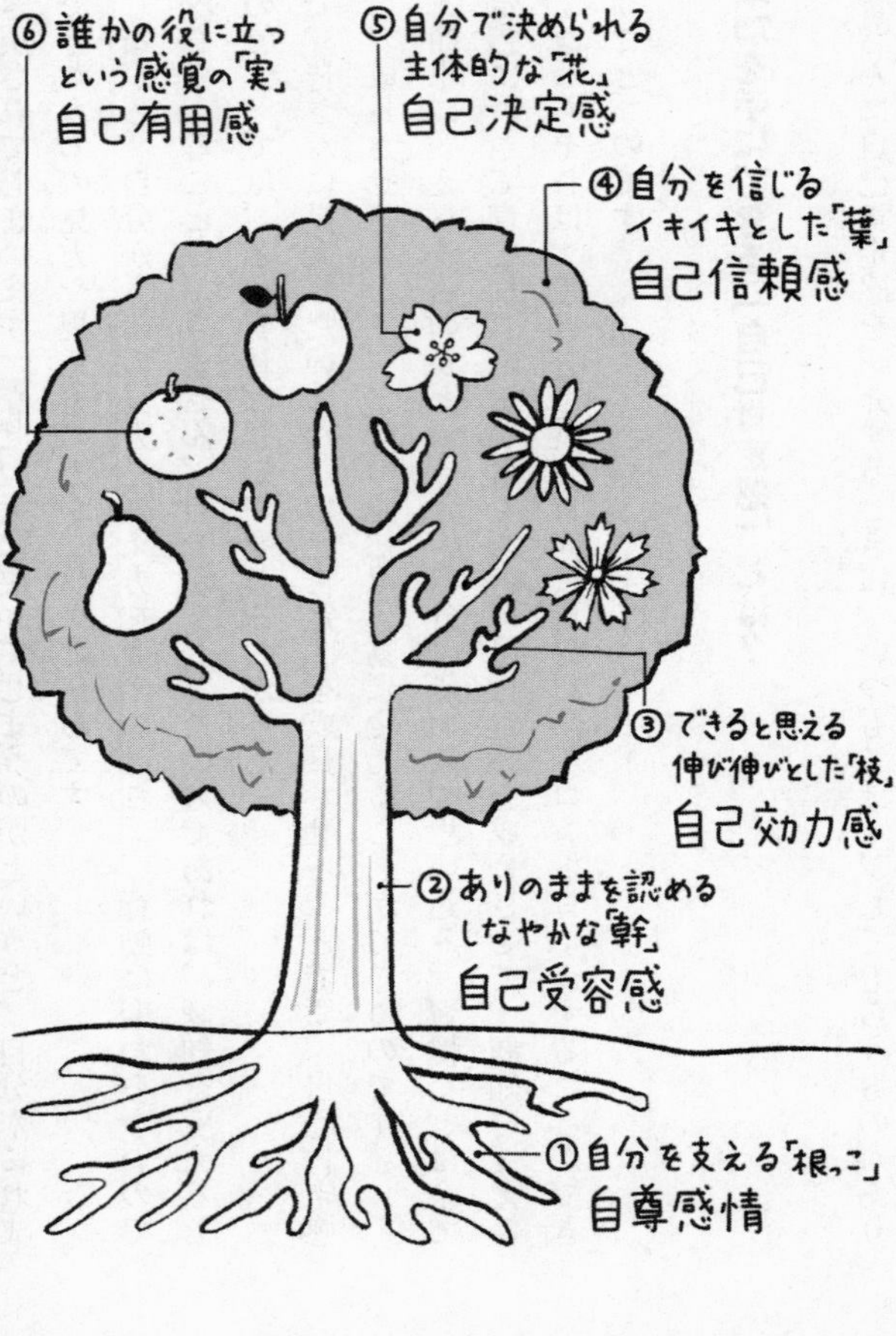
⑥誰かの役に立つ
という感覚の「実」
自己有用感
⑤自分で決められる
主体的な「花」
自己決定感
④自分を信じる
イキイキとした「葉」
自己信頼感
③できると思える
伸び伸びとした「枝」
自己効力感
②ありのままを認める
しなやかな「幹」
自己受容感
①自分を支える「根っこ」
自尊感情

ます。それは、一本の木です。強くたくましく育まれている自己肯定感は、地面に深く根を張って、しなやかで幹の太い木です。

このような木に雨風が当たったとしても、折れることなく、しなやかに雨風を避けることができます。同じように失敗しても、周囲の批判を受けても、強い自己肯定感を育むことができている人は軸がぶれません。

自己肯定感は、次の6つの感覚によって、成り立っています。

①　自尊感情　（自分には価値があると思える感覚）第1章
②　自己受容感（ありのままの自分を認める感覚）第2章
③　自己効力感（自分にはできると思える感覚）第3章
④　自己信頼感（自分を信じられる感覚）第4章
⑤　自己決定感（自分で決定できるという感覚）第5章
⑥　自己有用感（自分は何かの役に立っているという感覚）第6章

そして、その一つでも欠けると、自己肯定感はバランスを崩して、負の感情に大きく左右されてしまうということになるのです。

自己肯定感は、子どもの頃から少しずつ、その感覚を養い、大人になってから十分に発揮して、社会生活をスムーズに過ごすことができるものです。しかし、過度な競争や過度な功利主義によって、多くの人は、自己肯定感を成長させることが難しくなっています。

でも、大丈夫。自己肯定感はいつからでも養うことができるのです。それでは第1章から、この自己肯定感をさらに詳しく説明していきましょう。

CONTENTS
SELF-AFFIRMATION FOR WORKING PERSON

CHAPTER 1

仕事のパフォーマンスを底上げする「自尊感情」

CHAPTER
2

物事の捉え方を変える「自己受容感」

CONTENTS
SELF-AFFIRMATION FOR WORKING PERSON

CHAPTER 3

モチベーションを生み出す「自己効力感」

CHAPTER 4

自分の夢を実現するための「自己信頼感」

CONTENTS
SELF-AFFIRMATION FOR WORKING PERSON

本文デザイン＝井上新八　編集協力＝宇治川裕
イラスト＝村山宇希　図版作成＝谷口正孝

働く人のための自己肯定感

SELF-AFFIRMATION FOR WORKING PERSON

CHAPTER:1

仕事の
パフォーマンスを
底上げする
「自尊感情」

自己肯定感で仕事のパフォーマンスを上げる

はじめにで紹介した通り、自己肯定感は、6つの感から成り立っています。

①　自尊感情　（自分には価値があると思える感覚）
②　自己受容感（ありのままの自分を認める感覚）
③　自己効力感（自分にはできると思える感覚）
④　自己信頼感（自分を信じられる感覚）
⑤　自己決定感（自分で決定できるという感覚）
⑥　自己有用感（自分は何かの役に立っているという感覚）

1から順に積み重ねていき、6つの感が全て満たされると自己肯定感は完成します。これは私のクライアントとのやり取りで感じたことですが、自己肯定感の6つの感が全て低いという人は、普通の生活を行えているビジネスパーソンには、ほとんど存在しません。

全て低いというよりは、6つのうちのどこかの感が不足しているということが少なくありません。仕事のパフォーマンスを上げるためには、6つの感のうち、自分が不足していると感じる部分を補って、自己肯定感を向上させてください。

どの部分が不足しているのかは、個々人で異なるとは思いますが、私の経験から大きく分けて2つのパターンがあると思います。

第一のパターンは、責任感が非常に強く、自ら積極的に行動しているのに、周りに流されて結果に結びつかないタイプです。自分で自分の人生をコントロールすることができずに、心が疲弊している人とも言えるでしょう。

30代から40代の働き盛りの方に多く見られるのですが、1~3の感に相当する自己肯定感の木の根っこや幹の部分が、とても低いタイプです。木の根幹の部分が、正しく育まれていないと、その上に何を積んでも十分にパフォーマンスを上げることはできません。

まず、1~3の感を重点的にトレーニングすることを身につけましょう。1~3の感覚が身についてくると、気持ちに余裕が出て、段々とラクになってきます。恐らく社会に出て、それなりの経験を積んでいる場合は、ある程度の自己信頼感や自己決定感、自己有用感はあると自分の中でどこか感じている部分があるはずです。その小さな感覚をトレーニングでさらに伸ばしていくことがポイントになります。

第二のパターンは、20代の若手社員やアルバイトやフリーターを長期間続けていた人などです。このタイプの人に多いのが、4~6の枝葉の部分の感が低い人です。

自己肯定感の中の自己決定感や自己有用感というのは、実際に社会に出て働いたり、社会生活を続けていく中で、得られる部分も大きいものです。

社会経験が少ない人の場合、自分で決定できる感覚や自分は何かの役に立っているという感覚は、最初はあまり感じられないという人もいるかもしれません。そういうときには、4~6の感を重点的にトレーニングするとともに、1~3の感をもう一度、自分の中でトレーニングすると、効果が非常に上がります。

自分には、今6つの感のうちのどの感が足りないのかということを意識しながら、本書を読んでいただくと、さらに効果が高くなります。

自己肯定感が下がる2つの要因

自己肯定感を下げてしまう2つの要因があります。それは、「過去」と「比較」です。

自己肯定感は本来、子どもの頃に醸成されるものです。ところが、子どもの頃に自己肯定感が醸成されていないと、大人になってから、自己肯定感が下がりやすくなります。

大人になってから、自己肯定感が下がりやすくなるのは、大きく分けて2つの理由があります。一つは経験が増えるからです。本来、経験というものは、成功の経験も失敗の経験も増えていくものですが、失敗した経験は強く印象に残ってしまいます。嫌悪感や恐れといった本能的な感情を記憶する扁桃体の記憶は書き換えることが難しいからです。

こうした恐れが、自己肯定感を低くし続けるトリガーになっているのです。

たとえば、次のような経験は自己肯定感が低い人は誰でも持っているものです。

・プレゼン中に伝える順番を間違ってしまい、「怒られる」という感情がわき上がると、その瞬間に頭が真っ白になって、もう話せなくなってしまった。

・良かれと思ってやったことが「余計なことをしなくていい」と言われた。その瞬間に怖くて何もできなくなってしまった。または、何かするのでも、また怒られると思って、何もしない方がいいと思うようになってしまった。

自己肯定感が低いと些細な失敗やちょっと胸に刺さるような発言など過去の体験のイメージが、増幅しやすくなってしまいます。そうすると、いざ会議やプレゼンで発言する機会に巡り合ったり、提案するチャンスに巡り合ったりしても、また失敗してしまうのではないかと必要以上に焦ってしまいます。もっと心に余裕があれば、確実に売上につなげることができたかもしれないのに、そうすることができなくなってしまいます。

もう一つは、比較です。比較をするメカニズムの詳細は後ほど紹介しますが、対人関係では、常に私たちは自分と誰かの比較を行う性質があります。

経験を積むほど、比較の対象は大きくなっていきます。自己肯定感が高ければ、比較の対象がいくら増えても問題はありません。競い合うことでお互いの強みを伸ばすことができて、良い刺激になるはずです。しかし、自己肯定感が低ければ、他人と自分を比較し続けて、マイナスの方向に考えを及ぼしてしまうのです。

この2つの要因によって、自己肯定感が低くなったときに、欲求として表れてくるのが、承認欲求です。自分で自分を認められないので、心が満たされずに、欠乏感によって他人からの評価を求めようとする行動に走ります。

誰かから認められたいと思ったら、自己肯定感はかなり低い状態にあると思って間違いはないでしょう。

他人から評価してもらおうと依存的に行動するので、自己肯定感はさらに低くなってしまいます。過去の経験が強化されてしまったり、マイナスの比較の行動が続いてしまったりして、悪循環に陥ってしまいます。こうした負の連鎖から抜け出すためには、自己肯定感を高めていく以外にはないのです。

自己肯定感を高める前にやるべきこと

本書を読んでいただいている方たちは、おそらく自己肯定感が低いのではないでしょうか。藁をもすがる気持ちで、本書を手に取っていただいているのだと思います。

自己肯定感のお話をする前に、少しやっていただきたいことがあります。それが、自分の行動をマイナス方向に振れさせる過去の記憶や、比較の行為をそのまま放置することです。

なぜ、放置しておくのか。それは、自分の記憶として刻まれている過去の出来事やどうしても比較をしてしまう他者の存在は、自分の力で変えられるものではありません。

自分の力でコントロールができないのであれば、そのまま放置してしまいましょう。

ここで重要なことは自分で納得すること。「変えられない過去に悩まない」「ライバル視している相手を変えることはできない」と自分なりに納得することです。

もし、どうしても納得できなければ、ノートに放置して、残しておく＝考えを書き出すと効果があります。

自分で決めて納得する。このステップを踏むことで、あなたは過去の失敗や他人との比較から脱することができるのです。なぜならば、私たちの脳は、「ま、いいか」とか「なんとかなる」と自分で納得したことについては、自然と忘れていくようにできているからです。

自分で自分に「いいね」を出すことができれば、無理に高めようとしなくても、自己肯定感は高まっていきます。そして、失敗に直面しても、「この部分は大丈夫」「この流れだったら間違いはない」と次の課題にチャレンジすることができます。

自分で自分に許可を出して、挑戦しているときには、私たちは「自分の人生にYES」と言える状態にあります。目を閉じて、そのように思えている自分を思い描けたら、あなたはきっと大丈夫。これから仕事で大きなパフォーマンスを上げていくことができるでしょう。

自分の心の根っこである自尊感情

では、まず自己肯定感の根っことなる部分である「自尊感情」について説明します。

自尊感情は自分に価値があると思える感覚のことです。

自分のパーソナリティである持ち味や個性、人柄を自分自身で評価して、自ら生きる価値を認識し、自分の生かされた命を大切にするという感情です。

自尊感情は、自己肯定感の基礎的な部分です。自分の自尊感情が安定しているとき、「私の人生っていいかもしれない」「自分っていいよね」と自分を尊敬することができます。そうすると、自分の目に見える世界も肯定的に捉えることができます。

自尊感情は、自分自身を評価し、受容することに加え、自分が所属している社会の中の自分を評価して受容することで生まれる感情です。

人間が社会生活を送る上での根本的な感情になるので、自尊感情は2～3歳の小さな子どもの頃には、すでにできあがっているのではないかと言われています。

ところが、2013年の内閣府が行った日本を含めた7カ国の満13歳から29歳の若者を対象とした意識調査（我が国と諸外国の若者の意識に関する調査）では、日本人は諸外国の人に比べて、自尊感情が非常に低いことが明らかになっています。「自分に満足している」と答えた13歳から29歳の若者は7・5％。なんと10人に1人も「自分に満足している」と答えていなかったのです。

アメリカ、ドイツ、フランス、韓国などの同様の調査を行った国では、「満足している」と「どちらかと言えば満足している」の回答率が70～80％を超えています。調査対象国で最下位が日本なのです。

子どもの頃に自己肯定感の基礎部分が完成していないので、その上に残り5つの感を載せようとしてもどこか、ちぐはぐになってしまい、大きな負の感情に襲われたときにポキリと心が折れてしまうのです。

特に自尊感情が低くなっているときによく現れる症状は、他人と自分を比較して、嫉妬心や劣等感が大きくなるという傾向があります。

その感情が本物かどうか調べる

心理学者のアルフレッド・アドラーは、嫉妬が意味するものについて、次の点を指摘しています。

「嫉妬というのは、多くの場合、優越性をつくるために使われる」ということです。優越性の追求とは、簡単に言ってしまえば、自分が今より優れたものになりたいという欲求です。

アドラーは優越性の追求を人間の普遍的な欲求だと語っています。つまり、そういう欲求があるのが人間にとって普通だということです。

実際そのような欲求がなければ、私たちは困難な仕事に取り組もうとしませんし、自分の成長を促したり、さらに高みを目指そうと思いません。自分の思い通りにうまく状況が運んでいればいいのですが、思い通りに状況が運ばないときや、自分が手に入れたくて仕方がないものを手に入れられないと、その優越性への欲求が悪い方向へ傾きます。そこで、「嫉妬」という感情が持ち上がるのです。

そして、見せかけの優越の関係を築くために、自分に足りない社会適応や勇気、自信を埋め合わせるため、嫉妬という感情がマイナスの努力へと誘うというのです。妄想が広がったり、マイナス思考にとらわれて、目の前にやらなければいけないことがあるのに、対処できなかったりします。

自尊感情が高い場合には、嫉妬から得られるものはないと考えられるのですが、自尊感情が低い場合には、嫉妬することによって、得られるものが魅力的に見える（特にメンタル的な意味において）と判断してしまうのです。たとえば、嫉妬している相手から依頼されている仕事や連絡を遅らせてみたり、上司や取引先に相手の悪口を吹聴したりすることです。

だからこそ、嫉妬の感情がわき上がったら、今、自分が感じている「その気持ちは本物かどうか？」ということを必ず自分に問いかけてみましょう。

たとえば、同僚が先に自分が憧れていた営業部に異動になったとしましょう。そのときに嫉妬の気持ちがわいてきたら、「その気持ちは本当かどうか」自分に問いかけてみるのです。実際に異動になった自分をイメージして問いかけてみると、よりリアルな状況がイメージできます。

「もしかしたら、売上を上げるためには、毎晩残業が続き、休日も休めなくなるかもしれない。自分が大好きな映画を観る時間や趣味の時間がなくなっても嬉しいか？」と問いかけるのです。本当にうらやましいと思っているかどうか、自分に問いかけることが、あなたの自尊感情を取り戻す第一歩になります。

あなたが相手の立場になるのが難しいと感じるのであれば、次のような問いかけが有効になるでしょう。

仮にあなたが、あなたのパートナー（妻、夫、恋人）だったらどう思いますか？

男性（夫）であるあなた自身が、妻だったらどう思いますか？

生活が仕事一辺倒になって、家庭のことをほとんど考えられない夫をあなたは笑顔で迎えられますか？　女性（妻）であるあなた自身が、夫だったらどうですか？

仕事で一日中営業をして、疲労困憊で帰宅をしてもパートナーである妻に笑顔で挨拶ができますか？

あなたの感情が本物かどうかわからなくなったら、違う人になればバランスが取れてくるはずです。

○「もし○○だったら」という口グセに要注意

自尊感情が低い人が使う言葉に、自分が「もし○○だったら、○○していたのに」と口グセのように言う人がいます。一見すると、とてもポジティブな言葉に聞こえるのですが、実はそうではありません。

この口グセは、「ある条件さえ整ったら、自分はもっと○○できるのに、その条件が整わないからできない」という自分の裏の願望を主張しています。

つまり、自分の目の前の課題や問題、チャレンジングな出来事に対して、自分は恐れを抱いており、行動することができないということを暗に主張しているのです。

目の前の課題から逃げてしまうことで、現状がいつまでも変わらなかったり、いつも同じ失敗を繰り返していたりするのです。同じ問題が続いていることで、心が疲れ切ってしまい、とても前に踏み出す勇気がなくなってしまっているのです。

「もし○○だったら……」という口グセが、常に出ているようならば、自尊感情がかなり低くなっている証拠です。一刻も早く、自分には課題やチャレンジをする力がないと思う負のサイクルを止めるようにしましょう。

自分の気持ちを俯瞰する

自尊感情は、自分を受け入れるだけでなく、社会にいる自分も受け入れることで生まれる感情です。自尊感情の低い人は、自分のことは、評価したり、受け入れられたりしても、社会にいる自分のことは評価したり、受け入れたりするのは難しいと答える人が少なくありません。そのような状態だと、どんどん現実社会から離れてしまい、本当の自分を見失ってしまいがちなのです。

そういうときに必要なのが立ち止まって考えてみることです。

自分はいったい何にあやかりたいのか、どんなことに対してモチベーションが上がるのか、何に動かされるのかを落ち着いて考えてみることが大切です。

そのことを自分自身に問いかける方法もありますが、私がおすすめしたいのが、左ページにあるマトリクスを使ったワークです。やり方は、とてもシンプルです。横軸の両側には成功と失敗、縦軸は希望と絶望と書きます。

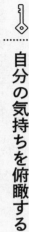

感情と理性のマトリクス

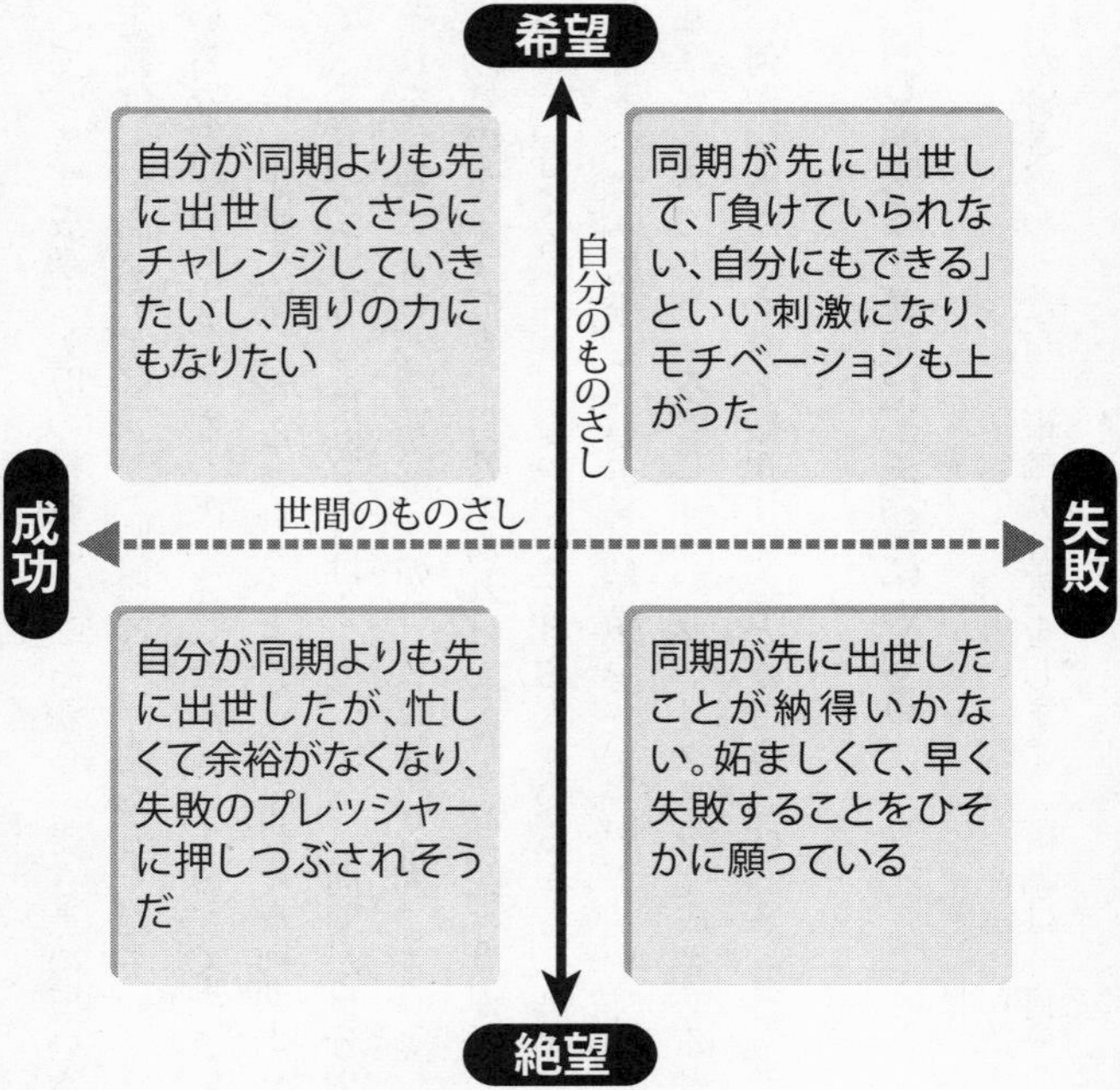
希望
絶望
成功
失敗
自分のものさし
世間のものさし
自分が同期よりも先に出世して、さらにチャレンジしていきたいし、周りの力にもなりたい
同期が先に出世して、「負けていられない、自分にもできる」といい刺激になり、モチベーションも上がった
自分が同期よりも先に出世したが、忙しくて余裕がなくなり、失敗のプレッシャーに押しつぶされそうだ
同期が先に出世したことが納得いかない。妬ましくて、早く失敗することをひそかに願っている

そこで、まず成功と失敗の横軸のところから、書き進めていきましょう。成功と失敗の定義は、〝世間のものさし（価値観）〟で測ってください。うらやましいとか、憧れているなど、自分が気になっていることを書いてみてください。

たとえば、出世が気になるということなら、「自分が同期より先に出世」と付箋に書いて、「成功」のエリアに貼り付けます。一方、「同期が自分より先に出世した」なら、それを付箋に書いて、「失敗」のエリアに貼り付けます。

出世以外のテーマでも、男性であれば、「背が高い」「背が低い」「かっこいい」「かっこ悪い」「もてる」「もてない」で分ける人もいるかもしれません。

女性であれば「結婚している」「結婚していない」という項目が成功と失敗という判断基準に入ることもあるでしょう。マトリクスを完成させると、自分の中で何が成功で、何が失敗なのかを客観視することができます。

○同じ出来事が希望にも絶望にもなる

横軸が書き終わったら、縦軸の分析をします。縦軸は〝自分のものさし〟で測ります。あなた自身の個人の捉え方です。「希望」に感じた出来事があれば、上側、絶望に感じたら下側に付箋を貼っていきます。

すると面白いことがわかるはずです。「成功」と「失敗」に付箋を貼り付けたけれど、「同期が先に出世したこと」が絶望に感じることもありますし、逆に同期が先に出世したことがいい刺激になり、自分のモチベーションを高める希望に感じることもあるはずです。

自尊感情が低い場合には、「絶望」の項目に分類されるものが多いと思います。逆に自尊感情が高い場合には、「希望」に記入される項目が多いはずです。

このマトリクスは、こういうことを自分が成功や失敗だと思ったり、希望や絶望だと感じているということが客観的に俯瞰できることが重要です。重要なのは、自尊感情が低くなっているのは、何が原因でそうなっているのかを理解することなのです。

それが学歴なのか、はたまた身体機能なのか、物欲なのか。

常に上へ上へとキリがない自分なのか、何をしても満ち足りない自分なのか。

いつも他人を羨んでしまう自分。競争意識が強すぎる自分。

認めてもらえないと不安になる自分。どのような出来事が引き金になって、自尊感情が低くなってしまったのかを発見することができます。

何の制限もなかったら、どうするかを考える

自尊感情が低い人の場合、その多くは社会における自分の評価や自分の立ち位置を受け入れることができないという人が少なくありません。本来、我慢しなくて良い部分まで、我慢した結果、自分の立ち位置が全く見出せないとか、かりそめの自分としか認められないという状態に陥っている人も少なくありません。

そういう人に私が伝えているのは、「自分に何の制限もなかったら、どうしますか?」ということを聞いています。この質問は自尊感情が低い人が自分の本当の心を知る上で、必要な質問になります。

お金、時間、人間関係、年齢、健康など私たちは、自分の行動を制限するものに目を奪われています。そして、そうしたもののことを考えすぎて、それにとらわれてしまうのです。

本来、自分がやりたいことや目指したいものがあって、困難がある場合は、それに

ついて解決方法を考えれば良いだけです。できないという制限の方ばかりに目がいってしまうのは、自尊感情が低いことが原因です。

そこで、そうした思考上の「制限」を取っ払って、自分の本当の気持ちに気づくことが自尊感情を育む上で必要になってきます。

通算23個の金メダルを獲得するという偉業を成し遂げたマイケル・フェルプスという水泳の金メダリストがいます。

そのフェルプス選手が、目標達成のために掲げていた姿勢が「オールイン姿勢」(All-in Attitude) というものです。オールイン姿勢とは、ギャンブルで持ち金を全部賭けるように、自分の全てを目標達成に懸けるというものです。

ところが、自尊感情が低い人は、目標のために自分の全てを懸けるというオールイン姿勢を取ることができません。なぜならば、自分の全てを懸けるという覚悟も勇気もそもそもないからです。目標をやり遂げる自信がないので、不安が先にきてしまうのです。

自尊感情が低い人が、成功を目指して、成功者の本を読んでも効果がなかなか出ないのは、自尊感情の度合いにその理由があります。

ところが、本当に自分のやりたいことが見えてきて、問題を解決する方法も見えてきたら、誰もがそれにチャレンジするために、自分の全てを懸けて行動すると思います。

もちろん、自尊感情が高まれば、成功者の本を読んで成功することができるはずです。そのような目的到達思考になるためにも、自尊感情を育むことがとても大事なのです。

それでは、ワークに移りましょう。やり方は、とても簡単です。自分に何の制限もなかったら、どんなことをしたいのかを書き続けていくだけです。

しかし、いざ書き始めると、「一体、私は何をやりたいのだろう?」と考え込んでしまう人も少なくありません。

では、質問です。どんな親から生まれたかったですか? 住む場所や家族構成なども考えてみてください。もちろん、お金の設定も自由です。有名な私立大学の附属幼稚園から、エスカレーター式にその大学に入学することもできます。お父さんやお母さんは帰国子女でなど、どんな設定でも良いです。しかも両親はあなたに自由に生きなさいと言ったら、どうでしょうか。

もし、そんな制限のない家に生まれたら、自分は海外で楽しく過ごしているかもしれないと細かく決めていくのです。どんなことに自分の気持ちが動くのか。それを探っていきましょう。そうすると本当に自分がやりたいことが浮かび上がってくるのです。

私の場合は、せせこましいことは嫌だと思いました。駆け引きもあまり好きではありません。人の役に立つことをどんどんやっていきたいと思っています。そんなことをずっと続けられる程度の経済環境があればいいと思うようにイメージしました。だから、私は田園調布に住んでいて、5代続いている和菓子屋さんの御曹司をイメージしたのです。

細かく具体的に自分のやりたいことをイメージして、設定をしてみると、私の場合は人を助けたり、人に喜んでもらったりすることで、自分の存在意義や価値に気づいて、自分を生かして生きる実感を得られることがわかりました。

こうしてはいけないとか、あれをしなくてはいけないなどの制限を取っ払うことで、誰でもやりたいことが出てくるはずです。そこで本当に思っている自分のビジョンが見えてきます。

2005年にスタンフォード大学の卒業式で行われたスティーブ・ジョブズの伝説のスピーチで問われた質問です。

“If today were the last day of my life, would I want to do what I am about to do today?”

もし、今日が自分の人生最後の日だとしたら、今日やる予定のことを私は本当にやりたいだろうか？

その答えがノーである日が何日も続くようであれば、自尊感情を育むために一刻も早く自分の気持ちに気がつく必要があります。

心の作業机を片付けて広くする

自尊感情が低いと、マイナスの感情がわき上がったときに、自分の気持ちがほとんど取られてしまうということを経験した人も少なくないと思います。

怒りや妬ましい感情で、心を満たしてしまっている状態です。

こうなってしまうと、やることが目の前に積まれているのに、後回しにしてしまったり、何をするのもおっくうになってしまったりします。最悪のケースでは、どんどん自己中心的になって、引きこもったり、うつで動けなくなってしまったりします。

何か仕事を頼まれて、一生懸命やっているのに、次のように、心ないことを言われたら、あなたはどう思いますか？

「あれ、まだ終わらないの」

「これ、違うんだけど」

自分は一生懸命やっているのに認めてもらえない。そんなときに、マイナスの感情はどんどん溜まっていきます。そして心の中は怒りや恐れ、不安などでいっぱいになっていきます。

過去のことに集中したり、周囲と自分との比較をしたりして、自分にとって本当に大切なものを忘れて、見失ってしまいます。

ここで重要なのは、マイナス感情を自分の心の中から、手放すということです。

とはいえ、心に溜まったマイナス感情をすぐには手放せないという人もいるかもしれません。そんなときには、ぜひ付箋やノートにマイナスの感情を書き出してみてください。

たとえば、職場の人へのマイナス感情なら、次のようなイメージです。

「言い方がムカつく」

「なんで私を認めてくれないんだよ」

「無茶振りしやがって」

「仕事の量が多すぎるよ」

「○○だけえこひいきしてねえ?」

「俺の立場をもっとわかってよ」

「そもそも、私はそれ嫌い」

マイナスの感情が付箋を書くことによって、どんどん出てくると思います。それらを書き出したら、とらわれているものを一個一個、手放す準備をしていきます。

たとえば、次のように解釈していってみてください。

「認めてくれない」→「あいつに認めてもらえなくてもいいよ」

「えこひいきしている」↓「あの人ならえこひいきされてもいいか」
「立場をわかってくれない」↓「俺の立場をわかれよと言っても多分わかんないか」
「嫌い」↓「これが嫌いって、かなり主観が入っているかも」

手放す準備をしていくだけで、心に余裕が出てきます。同時にマイナスな感情は薄くなり、減っていくのを実感できるでしょう。

「あの人のことを怒っている感情がもったいなかった」とも思えてきます。

上司に対しても仕事に対しても冷静になれるはずです。すると、「あれ？　もしかして自分の気持ちは全部自分が決めていること？」と気づいてくるはずです。

この作業が感情の整理になります。

マイナスな感情を可視化することで、自分のやっていることが明確になります。自分にとってマイナス感情が減ると同時に、プラスの感情が増えていきます。マイナス感情を減らすのも自分次第だということに気がつきます。

たとえば、同期が出世したことが自分の人生にとって、なんの意味があるのかということを考えてみましょう。すると、悔しいという気持ちはあるけれども、自分の人生にはさほど意味がないということがわかるかもしれません。気持ちの上で整理ができたのです。

妬ましい気持ちが起きたら、常に心の仕分けを行う。そうすることで、目の前の仕事に集中し、成果を上げることができます。

しかし、妬ましい気持ちをそのまま放っておくと、心の奥底に澱《おり》のように溜まっていきます。そうして溜まっていくと、自分の気持ちに大部分が割かれてしまいます。何を考えていても、同期の出世が妬ましくて、仕方がないという気分になります。

ここで重要なのは、自分の感情を決めるのは、自分次第ということ。自分を変えられないとか、嫌な感情を手放すことができないというのは、自尊感情が足りないということなのです。

とらわれはどこから来るのか？

自分の脳の中は、大きく分けて3つの領域が存在しています。1つは、脳の外側で理性脳と呼ばれる部分。脳の部位としては、大脳新皮質が理性脳を担当しています。

そして、大脳新皮質の下にあるのが、大脳辺縁系です。ここは感情や本能行動を司る部分です。

その下にあるのが、脳幹です。ここは生命維持にかかわる部分となります。

自分と他人の関係において見られる、愛おしさや嫉妬、恨みといった感情は社会的感情と言われています。私たち人間が感情を生むしくみは、農耕時代以前の300万年前から3万年前の、生活や環境のもとで発達したと言われています。特に社会的感情の多くは、特定の仲間たちと長く関係を続けることから、つくられたと考えられています。

つまり、社会生活を営む上では、嫉妬などのマイナス感情も生存に関わる重要な感情なのです。

問題なのはその感情にとらわれるようにして、いきすぎることです。過去の失敗にとらわれすぎたり、他人と比較をして嫉妬しすぎることが問題になります。思い通りにならないことを思い通りにしようとすると、ますますその感情にとらわれることになります。

たとえば、「自分は、同期のAさんと同じぐらいの売上を上げるべき」「所属部署の

理性と感情と脳の構造

大脳辺縁系（本能脳）
…好き・嫌いと本音を司る。本能が満たされると「快」になり、満たされないと「不快」になる

大脳新皮質（理性脳）
…理性を司り、いつもいい人でいよう、多くのことを完璧にこなそうとする。相反する事柄も受け入れる

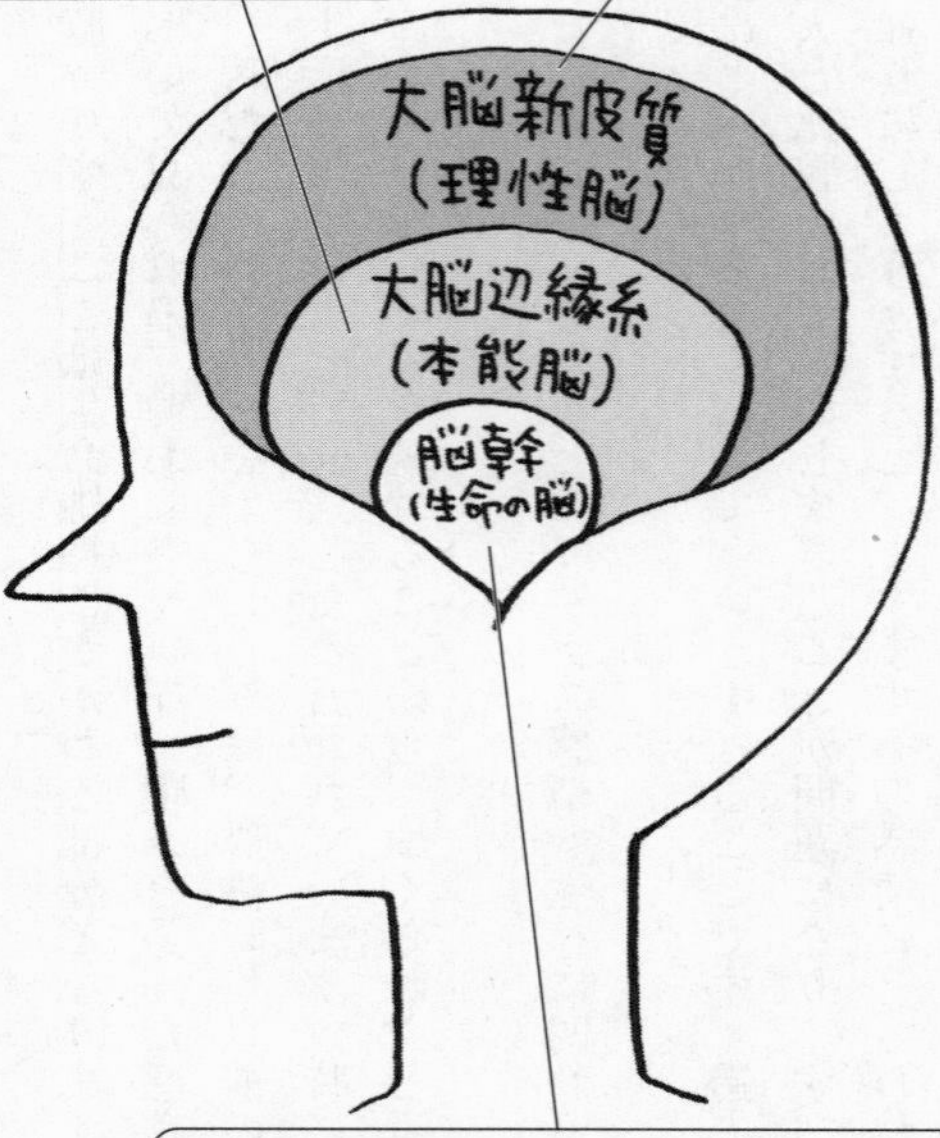

脳幹（生命の脳）
…自律神経を統制し、血流、発汗、呼吸など、生物としての生命活動を維持し続ける

成績は絶対上げるべき」などといった「～しなければならない」「～するべき」「そうでなければ絶対にダメ」という思考が、自分の本来の目的となって凝り固まってしまいます。こうなると容易にとらわれから抜け出すことが難しくなります。

このように「とらわれ」は自分の心がつくるものです。何かに過度に執着したりするのは、心のバランスを崩すもとになります。もしバランスが崩れたら本書の方法で、自尊感情を取り戻してください。そして、他人や物事に振り回されるのではなく、あなたの自信があなたの一番の味方になり、バランスを取り戻すのです。

アメリカを代表する心理学者ウイリアム・ジェームズはこう言っています。

「楽しいから笑うのではなく、笑うから楽しいのだ」

あなたが自分の全てを愛せば、あなたの人生は思うようになるのです。

SELF-AFFIRMATION FOR WORKING PERSON

CHAPTER:2

物事の
捉え方を変える
「自己受容感」

木の幹になる自己受容感

第二の感は自己受容感です。自己受容感とは、その名の通り、自分を受容するという感覚です。

これは自己肯定感の木で例えれば、幹の部分に相当します。幹ですから、根っこと同様に、自己肯定感全体を支える重要な部分です。自分に自己受容感があれば、ありのままの自分を認めることができて、何度でも立ち上がるしなやかな強さを身につけることができます。

実を言うと、自己受容感は、すでに5歳ぐらいにはできあがるものです。3歳から5歳の間で人間は、社会性を身につけます。親を始めとした人との関わり合いの中で、自己承認という感覚を身につけていくのです。

親との関わり合いの中で、自分が承認される感覚を持つと、自分を信頼することができる自信が出てきて、他人の気持ちにも理解ができるようになります。

ネガティブな感情が邪魔して、仕事に集中することができないと感じている人は、子どもの頃から自己受容感がとても低い人が少なくありません。

最初の社会である家庭環境の人間関係の中で居場所を見つけられず、自己受容感が低く固定されてしまうことがあります。そうすると、社会に出て、家庭環境と同じような人間関係になったときに、自分に価値がないと考えてしまうことがあるのです。

私が、自己受容感が低いクライアントによく伝える言葉の一つに、「八風吹けども動ぜず、天辺の月」という禅の言葉があります。

ここで言う「八風」は、自然の風でなく、心の中に吹く煩悩の風とされています。八風は4つずつに分けられ、自分にとって都合の良い風のことを「四順（しじゅん）」、自分にとって都合の悪い風を「四違（しい）」と言います。

「四順」とは、次の4つの煩悩の魂となった心を表しています。

利（りこ）……………自己の利欲にとらわれて、自分だけはと願う心
誉（ほまれ）…………名聞名誉にこだわり、誉められたいと願う心
称（たたえ）…………人々から称賛を受けたいと願う心
楽（たのしみ）………享楽にふけり、楽をしたいと願う心

「四違」とは、次のような避けたい心の姿です。

衰（おとろえ）……気力、活力の衰え、人生の衰えた姿
毀（けなし）………他の人から批判され、けなされる姿
譏（そしり）………他人からそしられる姿
苦（くるしみ）……人生の苦難、苦境にさらされる姿

「八風吹けども動ぜず、天辺の月」は、「四順」の風も「四違」の風を受けても、夜空に浮かぶ月のように、動じない心を持ちましょうという教えです。

この「禅語」は自己受容感が高まった状態を見事に言い表しているのです。つまり、自己受容感とは、自分のポジティブな面もネガティブな面もあるがままに認められるという感覚なのです。

人を妬んだり、恨んだり、失敗して落ち込んだり、将来が不安になったりしても、その自分を丸ごと受け止めて、大丈夫。必ずなんとかなると人生を肯定する力をさし

ます。

アドラー心理学で言うところの「I'm OK, I'm not OK」（私が良くても悪くても肯定できる）の状態です。良い自分であれ、悪い自分であれ、どちらもあるから自分なのであり、自分は素晴らしいということです。

完璧を目指せば、目指すほど無理をするだけ。自分を追い込んでしまうことになり、悪い選択肢を選んでしまうこともあるかもしれません。不完全な自分を受け入れて、そこから肯定的な側面を見出すというのが自己受容感になります。

不満を感じるのは、自己受容感の不足？

自分の自己受容感がどのくらいあるのかを測定するために、皆さんに質問があります。

「あなたは、毎日、満足をしていますか？」

どうでしょうか？

まず自己受容感が高い人は、日々、満足していると答えるでしょう。どんな状況にあっても、自分の人生を生きているから、他人に左右されることがないのです。そういう人は、一喜一憂しません。自分の価値を疑わない人ですし、自分に価値があると思っているので、自分と他人を比較したりしません。どんな状況でもブレない自分があります。

自己受容感が低い人は、恐らく毎日不平不満でいっぱいだと思います。朝から雨が降っていれば、それだけでイライラしてきます。ちょっとでも電車が遅れるだけで、ムカッとして、駅員を罵倒したくなるような気持ちに襲われます。

会社に行ったら、エレベーターを待っているのでイライラしてくる。デスクについても、PCの立ち上がりが遅かったり、インターネットの接続環境が悪いということで、イライラが募ってしまいます。

しかし、ちょっと立ち止まって考えてみていただきたいのですが、昔からあなたは、そんなに怒りっぽい人物だったのでしょうか？

ちょっとしたことで、イライラしたり、ムカムカしたり、人に当たり散らしたりする人でしたか？　もっとのんびり毎日を過ごしていたのではないでしょうか？

いつからあなたは、変わってしまったのでしょう。

こう言うと、

「イライラするのは、時間に追われて、忙しいから」

「私は真面目にやっているけど、手を抜く人が私の足を引っ張る」

「お金がないから、嫌な仕事も、イライラする上司も受け入れなければならない」

このようにいろいろな理由が出てくることでしょう。

しかし、こうした不平不満が出てくるのは、一方で自分を受け入れていないという証拠でもあるのです。つまり、自己受容感が低い状態と言えましょう。

なぜ自己受容感が低いのか、それは他人と比べて、自分がどうあるべきか、他人よりも優れた自分でいたいと常に考えているので、イライラするし、人に当たり散らしたくもなるのです。

お金がないことで、イライラしている人についても同じだと思います。お金も世の中の単なる価値の尺度です。あなた自身の価値の尺度ではありません。

お金は人がつくった価値尺度に過ぎない

こんな人がいました。20代で会社を起こし、30代で50億円以上の個人資産を築き、40歳になった頃、自分の会社が上場寸前になったときに、ある事件がきっかけで捕まってしまいました。

逮捕されてからは全ての財産を没収されただけでなく、家族とも離れ離れになってしまったのです。その人が刑期を終えて刑務所から出てきたときに、どんなことを言ったと思いますか？

彼は「自分の人生は、結局、お金に振り回された人生だった」と言ったのです。お金を持っていることが、彼にとっては最大のステータスでした。お金の力で人を操るのが大好きだったのです。お金を持っていれば、どんな人でも自分を尊敬してくれるし、持ち上げてくれる。お金を稼げない人間は、人間じゃないとまで公言していたのです。

結局、より多くのお金を得るために、法律すれすれのことを行って、最後は犯罪者になってしまいました。彼が一番大事にしていたお金だけでなく、信頼していた友人も彼から離れ、家族も散り散りになってしまったのです。

あなたもこの人のような人生を生きたいですか？

他人の物差しで生きていても、自分の幸せはいつまで経っても掴めません。もちろん、自己受容感はいつまで経っても育まれませんし、常に不平不満の状態になってしまいます。このような状態から抜け出すためにも、自己受容感を育むことが大切なのです。

「安定」にとらわれすぎた会社員

もう一つ、事例を紹介しましょう。

私のクライアントにある会社員の方がいらっしゃいます。その方は、安定した収入があれば、人生も幸せになると信じていました。

ところが同じ職場に長く勤めて、毎日の安定を得ていると、このままで自分はいいのか、今までの自分の人生はこれで良かったのかと、自分の存在を否定するような感覚に陥ったそうです。

そしてついに、自分の仕事は誰がやっても同じであるということに思いが至った時に、今までの自分はなんだったのかという疑念がわいて、それから出社ができなくなってしまいました。

一体、その方の中で何が起きていたのでしょうか？

その方の本当の人生の目的、本当にやりたいことは、幸せになることでした。しかし、「安定すること」は「幸せになること」の一つの要素でしかありません。本来の目的である「幸せになること」と「安定すること」が転倒してしまって、何が自分にとっての目的なのかわからなくなってしまったようです。自分がこだわった安定と幸せが結びつかないことに愕然としたのでしょう。そこから、どうしてよいのかわからなくなってしまったのでした。

だからこそ、自分を受容して、自分の本当に得たいものに意識を向ける必要があります。そして、自分の思い込みを取り払って、自分の幸せの目的を実現しないものは、手放すことも必要です。

私は私でＯＫであると認める勇気も必要なのです。

これが「私」と言える自分になる

心理学で「マズローの5段階欲求説」というものがあります。アメリカの心理学者アブラハム・マズローが「人間は自己実現に向かって絶えず成長する」と仮定して、その人間の欲求を5つの段階で理論化しています。

私はこの「5段階欲求説」に1つプラスをして「6段階欲求説」を提唱しています。マズローの自己実現のためのピラミッドは、下から生理的欲求→安全欲求→社会的欲求→承認欲求→自己実現ですが、私の自己肯定感のピラミッドは、下から、生理的欲求→安全欲求→社会的欲求→承認欲求→肯定欲求→自己実現となります。

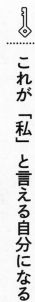

承認欲求は、人に認められたいという欲求ですが、その上にある肯定欲求は自分を自分で認めたいという欲求のことです。これは、私自身の30年の実体験と1万5000人の臨床経験から導き出した理論です。

人間は承認欲求が満たされた状態だけでは、自己実現に至ることは非常に難しいからです。たとえば、クライアントに「ありのままの自分でいてください」と伝えると、承認欲求が満たされて、その後のカウンセリングを放棄してしまったり、承認されないと気が済まなくなって、依存心が強くなるということがよくあったのです。

そこで、承認欲求が満たされたら、「これが私で、これが私の人生である」と自己受容をし、自己肯定感を高めて自分で自立して行動ができるようにする必要があります。

生まれたての赤ちゃんには、自分を否定するという「自己否定」の感情は全くありません。

「私に生きている価値はあるのか？」「自分は嫌われているのかな？」というような自己否定感は、そもそも持たずに生まれてくるのです。

私たち人間は、自己肯定感の塊として生まれてきます。しかし、社会との関わり合いの中で、いつしか自己否定感を身につけてしまいます。最終的に目指すのは、承認欲求と肯定欲求が満たされた「全承認・全肯定」の状態です。

そのために欠かせないのが、自尊感情と自己受容感なのです。これが私と言えるような自分を尊敬できる感覚、そして、自分のありのままを認めて、前に進んでいく自己受容の感覚、物事の解釈と意味づけを変えて、自尊感情と自己受容感を底上げしていきます。

自然と悪い方向に比較してしまう

自己受容感が低いと他人と自分を必要以上に比較してしまうことが多くなります。心理学者のアドラーは、あらゆる悩みは、対人関係にあると言っています。なぜかというと、対人関係では、相手と自分を比較してしまう機会があり、そして自分の意識も比較に働きやすいからです。

「なぜ、あいつは自分よりも上に評価されるんだ」
「あいつは、何もやっていないのに、うまいこと評価される」
「私の給料よりも、あいつの給料の方がなぜ高いんだ？」

と、相手と自分でどちらが優れているのかということを比較してしまうのです。比較してマイナスの感情が溜まってくると、仕事に集中したり、仕事を改善して効率を上げたりということに意識を向けるのが難しくなってきます。

そんなことをやっても無意味だとか、疲れてしまうとか、前に進むモチベーションが低くなるからです。

その状態がさらに悪化すると、「あいつを陥れてやろう」「仕事の邪魔をしてやれ」という気分になって、最悪の場合、本当に邪魔をするようになってしまうことになります。

しかし、比較をしても自己受容感が高ければ、マイナスの方向には振れません。「あいつは自分よりも上に評価されるが、それはあいつが見えないところで皆のサポートをしているからだろう」

「あいつは、一見すると何もやっていないように見えるが、見えないところで努力をしている。自分も負けずに頑張らないと」

「私の給料よりも、あいつの給料の方が高い。しかし、私が歩むべき本当の人生はこの会社にはない。私がやるべき仕事にもっと自分の時間を使おう」

と、このように比較がマイナスではなく、プラスの方向に意識を向けることができるのです。

無意識のように比較をしたときに、前向きに考えられるか、それとも後ろ向きになるかで、自分の自己受容感の状態を確かめることができるのです。

自分の認知に気づく7つのパターンを知る

マイナスな感情にとらわれて、自分の目の前で起きている出来事を誤解するというのは、人類の永遠の問題と言っても過言ではありません。

たとえば、今から2000年ほど前のギリシャの哲学者であるエピクテトスは、「人々は出来事そのものによってではなく、それらの出来事をどう受け止めるかによって情緒的に混乱する」と分析しています。

この出来事をどう受け止めるかという「認知」に自分の生き方の信念や価値観などが結びついているのです。

そこで、自己受容感を高める上で、重要になってくるのが、自分が周囲の状況に対してどのような判断を下しているのかという、自分の認知を知ることがとても大切になります。

ただし、自分の今までの生き方や信念、価値観が含まれている認知を変えるのはすぐにはできません。自己肯定感が高まれば、徐々に変化していきます。その変化のきっかけをつくるのが、自分がどのように目の前の状況を捉えているのかを考えることです。そのことを考えることで、無意識に自分に比較が発生したときに、冷静に対処できる一つのきっかけとなります。

目の前に起こった出来事をマイナス方向にねじ曲げる認知は、大きく分けて7つあります。

①0か100か思考

完璧主義の人に多い思考です。物事の白黒や良し悪しなどを0か100かの両極端で捉えるタイプです。他人の問題だけでなく、自分の問題も少しのミスも許せないので、そのミスに対して大きな不満を抱きます。その結果、自分にダメ出しをする回数が増えて、自分を苦しめることになります。

たとえば、自分の調子が完全でないと考えて、自分の調子が完全ではないのなら、能力も完全に発揮できないので、仕事ができないなどと考えることです。新しい可能性にチャレンジできないので、良いチャンスを引き寄せることができません。

②超極端思考

これも極端な考え方なのですが、ネガティブに物事を捉えてしまいがちな人に多い傾向があります。一つの失敗や問題が起きると、全て同じように失敗や問題が再び起きると考えたりします。

一方で悪いことは拡大解釈して、悪いことばかり発生すると考えるのですが、良いことは、過小評価する傾向があります。このため、自分は何をやっても悪いことが起きるという考え方に傾いて、チャレンジができない状態につながっていきます。

たとえば、ある仕事で失敗したから、同じ失敗が起きると考えて別の仕事をやらないなどがあります。また、「あいつは、あんなに成功しているのに、私は失敗ばかりしている」という思考をすることもあります。

本来であれば、失敗や苦労ばかりでなく、嬉しいことや楽しいこと、成功体験などもいっぱいあるはずなのに、それを過小評価して不幸を底上げし、幸福を遠ざけているのです。

③絶対〇〇すべき思考

根拠や理由がないのに「～すべきだ」とか「～しなければならない」という考えにとらわれる思考のことです。また、さらに悪いことだけが目に入るような色眼鏡を通して、世の中を見ることでもあります。

「～すべき」という思考は、要求度の高さからきているものです。一度、自分で考えたことは何が何でもやり通さなければならないと思い込んでしまいます。それで失敗をしてしまったら、自分に対して罪悪感を持ち、自分を次第に追い込んでいくことになります。

たとえば、上司は自分のことを嫌っているという色眼鏡で見てしまうことで、上司の言動全てに、「～すべき」とか「～しなければならない」という強制や悪意を感じることがあります。自分の存在を否定するようなことばかりが目についたり、耳に入ったりするので、会社にいづらくなったり、仕事への意欲を失ったりします。

④感情的決めつけ思考

これは自分の気分や感情によって、状況や周囲の人間を判断することです。特に不安や焦りといったマイナス感情に焦点を当てて、その後の行動を決めることがあります。

自分の行動を決めるのが、不安や焦りといったマイナス感情なので、事実を誤認することが少なくありません。客観的に物事を判断することなく、短絡的にレッテルを貼ったり、思い込んだりします。つまりは、大げさだったりするのです。

中には確定した情報ではないのに噂レベルで「○○らしい」という憶測で考えを巡らせる人もいます。こうして、短絡的に考えることによって、一時的には感情は収まるかもしれませんが、結局、事実を誤認しているので、仕事に支障が出てくることが少なくありません。

たとえば、上司がちょっと注意したとします。そこで、上司が自分を嫌っていると思い込んで、上司を避けたり、言うことを聞かなかったりして、本当に上司に嫌われて、自分の立場が悪化するなどです。

⑤マイナス化思考

全てのことを否定的に解釈する思考のことです。この思考にとらわれていると、日常生活の全てがマイナスに思えてきます。仕事をしていても、自分は他人より劣っている人間だからと、わざと失敗してみたり、チャレンジを避けたりするようになります。

⑥結論思い込み思考

2～3回のネガティブな出来事から、悲観的な結論を導き出す思考です。「きっと○○に違いない」「また○○だ」です。「いつも○○だ」というのもあります。

こうした思考を過度の一般化と言います。たとえば、2～3回失敗しただけで、「いつも同じ失敗をする」など、悪天候が続くと、「こんな天気のときは必ず失敗する」と考えている人もいます。悲観的な結論通りに自分を追い込んでしまうというところが特徴です。

⑦悲劇の主人公思考

マイナスな出来事を何でも自分の責任にしてしまう思考のことです。周囲で起こったことを全て自分のせいにしてしまうため、何もやる気が起きなくなります。たとえば、うまくいくはずのプレゼンがうまくいかなかったのは自分に能力がなかったからだと、全て自分のせいにします。確かにプレゼンの責任者である自分にも責任の一端はあるかもしれませんが、全て自分のせいにしても、その失敗からは何にも学べません。

責任感が強い人に悲劇の主人公思考をする人が少なくないのですが、過大な悲劇を背負ったことで、自信がさらになくなり、消極的になってしまいます。

もし、自動的に比較が始まって、もやもやした気持ちになったら、この7つの感情パターンのどれに当てはまるのかを考えてみてください。自分の認知がどれに当てはまるのかを考えるだけでも効果があるのです。

あらかじめ受け止め方を決めておく

先ほど述べたように、起きた出来事をどう受け止めるかによって、自分の感情は大きく左右されます。ですので、認知を変える必要があるのですが、変えろと言われても、今まで信じてきたことを一朝一夕で変えることはできません。

そこで、それが起きたときに、どのような認知にするのか、あらかじめ決めておくという方法があります。それが、「If - then プランニング」というワークです。

これは、その名の通り、「もし、○○が起きたら（If）、○○をする（then）」と前もって決めておくのです。こうすることで、そのことが起きたときに、状況を客観視することができます。

また、過度の一般化をしたり、ネガティブな判断を下したり、○○すべきだと考えることもなくなっていきます。ネガティブな思い込みがないので、行動につながりやすいというメリットもあります。

自己肯定感が低いときには、物事の受け止め方である認知が歪みがちですから、そこから生まれる感情も非常にネガティブなものになります。

その原因となっている過去の思い込みも強化されることになり、悪い方向へと流れていってしまうのです。そこで、比較がスタートしたら、事前にこういう認知をしようと決めておくのです。

「If - then プランニング」は心理学や脳科学で効果が立証されています。人間はあらかじめ「Aという状況になったときには、Bという行動をしよう」と決めておくことで、行動にうつしやすくなるのです。

たとえば、「プレゼンの結果がうまくいかないかもしれないと思ったら（If）」、「うまくいかなかったとしても、私の価値は変わらないんだと小さくつぶやく（then）」ことで、失敗するかもしれないという恐怖から逃れることができます。

周囲を変えることでもなく、失敗するかもしれないという不安感を消すわけでもなく、仮にそうなっても大丈夫だというメッセージを自分自身に発することで、自己受容感を高めることができるのです。

課題を分離して、自己受容感を高める

アドラー心理学では、「課題の分離」という考え方があります。

自己受容感が低い人は、目の前の相手の課題を自分の課題として捉えてしまうケースがあります。なぜなら、相手の課題を自分の課題と捉えることで、相手に対して力を誇示できるからです。

しかし、それでは本来、自分がやるべき課題はいつまで経っても解消することがありません。課題を分離して、本当に自分がやらなければいけない課題に取り組む必要があります。

では、どのようにして課題を分ければよいのでしょうか?

課題の分離は、自分でコントロールができる問題と相手にしかできない問題を分けることから始まります。

たとえば、部下が仕事をしないことで、腹を立てて怒っている上司の場合で考えてみましょう。この場合、課題が自分の課題と相手の課題で混ざっていることがわかります。

「仕事をしない」のは、部下の課題で上司である自分はその課題に対して、何もコントロールすることができません。

しかし、「腹を立てて怒っている」ということは、自分の課題ですから、その怒りの感情をコントロールする力は自分にあります。

このようにして課題を分離するのです。こうすると人間関係の問題がわかりやすくなって、自分が何をすべきかが明確になります。

仕事をしないのは、部下の課題です。上司がどんなに腹立たしくても、素晴らしい指導をしても、仕事をするかしないかを決めるのは部下なのです。

つまり、究極的には、「部下が仕事をしない」という課題は上司は取って代わることができません。部下に任せておくしかないのです。

では、「腹が立つ」という上司の課題はどうやって解決するべきでしょうか？

腹が立っているのは、自分の感情なので、その感情とどのように向き合うかは、上司である自分が取り組める課題です。感情を生み出しているのは、自分の認知なので、次のように考えることで、認知の仕方は変わってくるかもしれません。

つまり、「部下に指導した後に実際、仕事ができるかどうかは部下の課題で、上司にはどうすることもできない」と考えるだけでも、「部下が自発的に仕事をできるようにする」という課題に解決策を講じる方法を考える気力が出てくるのです。

ちなみに、部下にやる気を起こさせることと、自分にやる気を起こさせることは、最終的には同じことです。

後ほど詳しく紹介する自己効力感を部下に身につけさせれば、部下から望む行動を引き出すことができるのです。自己肯定感はマネジメントにも有効です。

話を課題の分離に戻します。

このように、課題が出てきたところで、一つずつ課題の分離をしてみると自分のできることややるべきことが明確になり、それに向けて気持ちを整えやすくなるのです。すなわち、目標に向けてポジティブな行動を引き出しやすくなります。

障害に強い「レジリエンス」の高い人になる

どんなことが起きても折れない心を持つことは、ビジネスの世界では大きなアドバンテージとなります。最近、注目されているのがレジリエンスという言葉です。ビジネスで成功するための要因としてあげられ、また企業採用の現場でも、レジリエンスの高さを評価基準に入れるところが出てきています。たとえば、世界最大級のコンサルティング会社 Accenture の報告によると、エグゼクティブの71%がレジリエンスの高さを社員の採用基準に挙げています。

レジリエンスの高い人は、どんな自分にもOKを出せる人です。自己受容感が高い人は、自分にとって逆境と思えるような出来事が起きても、乗り越えられます。その中で共感力が磨かれて、信頼され、愛される存在になります。

逆に自己受容感が低いままだと、逆境を乗り越えることができません。逆境に直面すると、不満が大きくなって、周囲の人に怒りをぶつけたりして、次第に孤立していきます。小さなミスも気にかかって、行動に移すことがさらに難しくなります。

レジリエンスの高さを目指すためにも、どんな自分でもOKであると言えるように着実に育んでいくことが大切です。

どうにかなるさと楽観的になる方法

私たちの脳内には報酬系と呼ばれる脳の神経回路があります。私たちが生きていく上で、必要な快楽や報酬が手に入りそうなときに、この神経回路にドーパミンと呼ばれる神経伝達物質が放出され、期待感が高まります。

ドーパミンが放出されると、その行動を後押しするため、モチベーションも向上します。こうして脳の注意力をうながし、欲しいものを手に入れる行動をさせます。

褒められて気持ち良くなると、どんどんやる気が出てきますが、それはドーパミンが脳内で活動している証拠なのです。報酬系は褒められた記憶を思い出して、ドーパミンを放出させ、やる気が出るようになるという効果があります。

そういうときには、他人の言葉や行動に惑わされにくい状態になり、「どうにかなるさ」という楽観的な感情がつくり出されているのです。

ドーパミンを味方につける方法

では、脳内でドーパミンが出やすい状態にする方法を紹介しましょう。

① 少し先の未来の楽しい状態をイメージする

楽しい予定を計画しておいて、それを励みにする方法です。たとえば、「この仕事が終わったら、自分が好きな街に行ってみようかな」とか「この大変な仕事が終わったら、大好きなあの人に会いたいな」などです。

ドーパミンは、ある行動を期待させるために脳内で放出される神経伝達物質です。つまり、実際に起きている事実でなくてもいいということです。

自分にとって楽しいことをイメージすることだけでもドーパミンは出ています。とても楽しいことをイメージすることが重要です。3カ月など長期的に良いイメージを保つためには良い方法でしょう。

② 自分へのご褒美をこまめに設定する

来週は仕事が忙しくて、嫌だなと思ったらその週の最後になる金曜日の夜に飲み会や映画鑑賞などを計画しておくのです。

週半ばに精神的にも肉体的にも厳しくなってきたときに、「あと2日で楽しい飲み会だ!」と自分へのご褒美を伝えるだけで、ドーパミンが出てきます。1週間ぐらい良いイメージを保つためには、良い方法でしょう。

③ TODOリストを作成して、行ったことを減らしていく

仕事を同時にいくつもこなさなくてはいけないときには、TODOリストを箇条書きにして、達成できたものから線で消していきます。

目標は細かくハードルも低くていいです。小さくても目標達成をすれば、ドーパミンが出てきます。やらなければいけないことを線で消していくたびに、頭も心も軽くなります。どんどん意欲がわいてきて、その日を乗り切ることができるのです。

自己受容感を高めるためにも脳内の伝達物質を利用してください。それはあなた自身が体内から生み出すことができる特効薬です。それだけでも、ちょっとしたミスや

失敗にも悩まなくなり、失敗に対する耐性がついていきますし、自分にOKを出せるようになります。

感情を目盛りにして定量的に理解する

問題が発生したときに「自分を信じる」ことは大事ですが、そもそも自己受容感が低いと、自分を信じることが難しくなります。ですので、多くの人は問題から目をそらして、さらに自分がどれだけその問題で、ショックを受けたのかという事実も消そうとします。

しかし、表面的に自分を騙せても、心の中は大打撃を受けています。そうしたマイナスの気持ちが残ると、自分の受け止め方を大きく歪めてしまうきっかけになってしまいます。これでは自己受容感は低いままです。

問題に直面したときに自分がどんな気持ちだったか、感情に目盛りはありません。そうなるとどうなるかというと、自己受容感がない状態では、マイナスのインパクトが増大化するのです。

感情の目盛り化

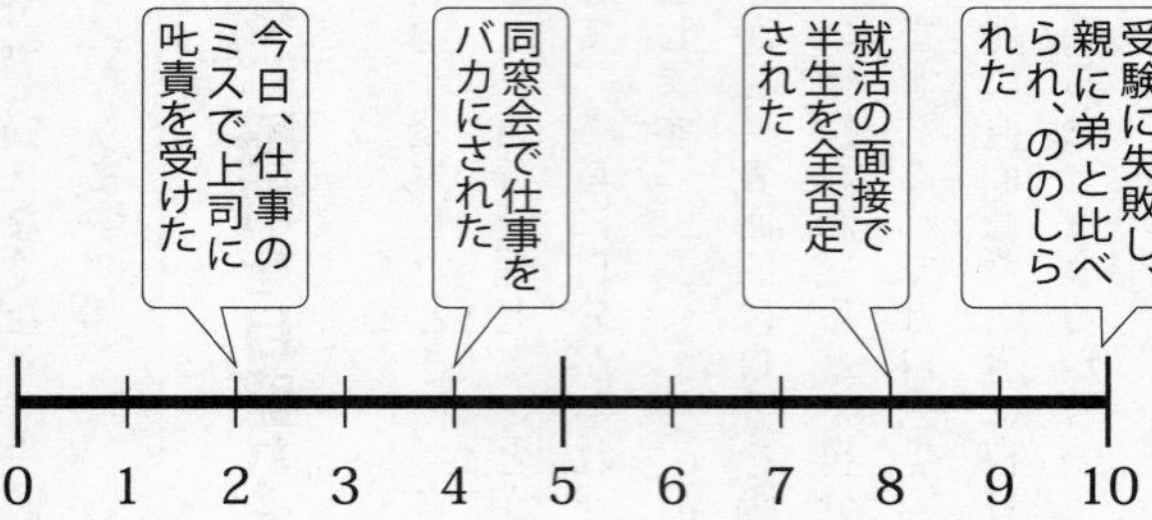

過去のトラウマに結びつけたり、他人と比較して嫌な思い出と勝手に結びつけるという作用が自分の中で起こります。そのことを避けなければいけません。そこで、自分の心理的なインパクトはどれくらいあったのか、目盛りで表現するのです。たとえば、上司から一方的に叱責を受けるという悔しいことがあったとしましょう。そんなことを言われて畜生と思ったときに、今まであなたの人生の中で最高に悔しかったことを思い出してみるのです。

自分が今までに経験した「人生最高の悔しさ」を思い出してみて、それを10点満点としたら、今日、上司に叱責を受けたことはどれぐらいだろうかというふうに考えてみてください。

実際に感情の目盛りで測ってみると、どのくらいのマイナスのインパクトを受けたのかということが、定量的にわかります。そうすると、人生最高に悔しかった点数に遥かに及ばないことがわかりますから、イライラしているのがバカらしくなるのです。

目の前で直面している問題で発生した感情よりも、より大きなマイナスの感情を思い出すだけで、「あのときの負の感情に比べたらマシ」だとすることができるのです。

悔しいという感情や嫉妬というマイナスの感情は、比較によって引き起こされます。そのときに、定量的な物差しで測るのです。すると思ったよりも小さいなと思うことができて、マイナスの感情にとらわれずに済みます。

怒りや嫉妬、恨み、憎しみ、自己嫌悪といった感情がふっとわいたら、感情の目盛りで、記憶を測ってみてください。自分の感情と冷静に向き合うことができます。

嫌いな理由をランキングしてみる

感情の目盛り化が難しいということであれば、嫌いな理由をランキングしてみるというのでも良いと思います。

嫌いな理由ランキングとリフレーミング

順位	嫌いな理由	リフレーミング
1位	いつもイライラをぶつけてくる	本気で自分を育てようとしてくれている
2位	感謝やねぎらいの言葉がない	心の中では信頼してくれている
3位	企画や提案を通してくれない	よりよいものに磨くチャンスを与えてくれている

たとえば、上司のあの人がムカつくとか、芸能人の誰々が嫌だとか、知り合いのあの人の顔を見たくないという思いがあるとします。そのときに、自分の中のマイナス感情がどのように働いているのかを調べるために、なぜその人がムカつくのか、または嫌なのか、顔も見たくないという感情になるのかをノートに書き出してみましょう。

できれば、嫌な順番をつけるとさらに効果的です。嫌いなランキングをするのです。

たとえば、

「1位、いつもイライラをぶつけてくる、2位、こちらが無理をして仕事をやっているのにもかかわらず、感謝の言葉もない……」

このような感じで3位ぐらいまで、その人

のことを思い出すと嫌なこと、マイナスなことを書き出していきます。書き出していくうちに、中にはマイナスの感情を呼び起こさないような人、キャラクターが出てくるかもしれません。

それをリフレーミングという心の枠を変える技術で否定語から肯定語に変えてみます。

たとえば、仕事を依頼すると、その依頼の仕方が不十分だといちいち指摘をする人がいるとしましょう。しかし、よくよく考えてみると、その人が言っている依頼の仕方通りにやると、うまくいったり、ミスが防げたりするということがあります。

漠然と嫌だとか、ムカつくとか思っていると、そういうことには気がつけませんが、改めて書き出してみると、そういうことに気がつくきっかけになるのです。

ランキングをつくることで、物事の受け取り方が変わります。そして、マイナスな感情をプラスの感情に変えることができたという事実は、自分に自信を与えることにつながります。自分のものの見方を変えることが実感できれば、こちらのものです。

いろんな人の「悩み」を検索してみる

私の恩師からよく言われたことがあります。

「自分の振れ幅をどれぐらい広く持つことができるか、それが本当の優しさや思いやりにつながる」

人間的な振れ幅を持つというのは、実は自分を受容することにつながるのです。というのは、自分と全く異なる価値観を持つ人の考え方や行動の仕方に触れることで、自分がダメだとか、こうあるべきといった考え方が、とても小さなものに思えてきたり、もっと違う考え方があるのではないかと新しい見方をすることができるからです。

つまり、それだけ自分の心に余裕を持つことができ、最終的には自分にも他人にも優しくなれるということです。特に自分を受け入れられないという場合には、自分が今、抱いている悩みを共有するということも大事です。

自分を受け入れつつ、物事の受け止め方である認知を変えたり、行動を変えたりするのは、グループミーティングのような方法があります。同じような境遇の人と集まって、悩みの捉え方や行動を共有することで、問題の解決の糸口を見出すのです。

しかし、現在のように、いろいろな人と交流することができない状況では、人に直接会って、話を聞くということがなかなか難しい状況にあると思います。

そこで、皆さんにお勧めしたいのが、他人の悩みを検索する方法です。

たとえば、「営業　40代　サラリーマン　悩み」と検索窓に入れてみましょう。そうするとそのような属性を持った人たちの悩みが出てきます。一方、自分がもっと年齢が若かったら、さらに上の世代の悩みを見てみるということもオススメです。

たとえば、自分が30代で、上司が50代であった場合「管理職　50代　悩み」と検索してみると、自分の上司の悩みが出てきたりします。上司はこんなふうに悩んでいるのかと、相手がどのように悩んでいるかの一端を知ることができます。

「60代　介護　悩み」や「30代　子育て　悩み」と検索しても、それぞれ思い悩む心の状況に触れることができるはずです。

あなたが自己肯定感の低さに悩んでいるように、今、検索をした人たちも別なことに頭を悩ませているかもしれません。そのことに思いを寄せただけでも、人との関わり合いが変わってくると思います。

対人関係においては、過去のトラウマにとらわれたり、比較をしてしまったりして、相手との関係を単純化しすぎる傾向が私たちにはあります。

しかし、人を一面的に捉えるのではなく、もっと自分の関心を広げて、自分が苦手だなと思う人とも付き合うことで、振れ幅は大きく広がっていくのです。

あなたの振れ幅が広がったら、どうでしょうか。あなたの思い込みだけで生きるのではなく、相手の立場に立って生きることができれば、どうでしょうか。

楽しそうに自分らしく生きている人は、自分のことも好きだし、他人のことも好きな人が少なくありません。バランスよく生きることを心がけましょう。それが自己受容感を高めるポイントでもあります。

「死にたい」と思った自分を受容する

あなたは、一瞬の気の迷いでも、死にたいと思ったことはありませんか?

私にはいっぱいありました。

死にたいという願望を希死念慮と言います。生きるか死ぬかと言われて、死を選んでしまうという状況です。希死念慮の場合、死ななければならないというぐらいの強い思いです。

私が体験した希死念慮は、突発的に発生しました。手元にあるナイフで手首を切ったら死ねるのではないかとか、これで首を吊れば死ねるとか、もう何度もその直前まで行きました。

希死念慮が起きるときには、宙に浮いたような感覚になります。あまりにつらすぎて、「もういいや。死のう」。死んでいいんだという、私という存在がどこに在るのかわからない空虚感や絶望感、不安感、恐怖感が一度に襲ってくるので、とても怖かったです。

ところが、こういう状況が頻繁に起こるようになると、あるときから、この希死念慮に対して、少し新たな見方が私の中に生まれました。

それは「『自殺願望』は持っていいのだ」ということです。

死にたいと思うのは、逆を言えば、生きたいということを真剣に見つめているということです。どうやって生きたらいいのかということを真剣に考えた結果、死というものを真正面から考えることになったということなのです。

私は希死念慮に支配されていたので、死ぬ準備はいつでもできています。死について、四六時中考えているわけですし、結論も出ています。

だから、「いつでも死ねるんだから、このまま生きていても、ま、いいか」と思えるようになれたのです。つまりは、自殺願望を肯定的に捉えることができたと言えるでしょう。

死にたいなと思ったときには、自分を否定していないかと考えることが大切です。よく不満を述べる言葉として、「死ぬほど嫌だ」とつぶやく人が多いのですが、そんな思いにとらわれたら、その逆をやってみるということをお勧めします。

その感情を抱く自分にOKを出して、自分を受容するのです。

「死ぬほど嫌なぐらいな気分を感じたんだから、自分を許してもいいかな。逃げてもいいいや」

「死ぬほど嫌なぐらいそのことを考えたんだから、これ以上、思い詰めなくてもいいや。ま、いっか。なんとかなるか」

と考えてみるのです。死を考えるほど、生きることを一生懸命頑張ったという事実を認め、自分を許してみてください。

そうすると、プラスの感情が自分に入ってきます。その瞬間に死ぬほど嫌だという感情が、楽しいという感情に変わっていくのです。

無駄な抵抗をせずに、成り行きに任せる。

完全な自分を捨ててみる。

そして、不完全な自分を許してみてください。

そうすると、必ず夜が開けるように目の前が開けてくるでしょう。

SELF-AFFIRMATION FOR WORKING PERSON

CHAPTER:3

モチベーションを
生み出す
「自己効力感」

自分の世界が広がる「自己効力感」

第三の感は、自己効力感です。木に例えれば、枝になる部分です。

自己効力感というのは、「自分はやれる」という気持ちです。この感覚に乏しいと、自分の成長を促すような新しい仕事やチャンスをモノにすることはできません。自分がやったことがないことや、困難が予測される仕事に尻込みをしてしまうからです。

私たちは、何かの問題に向き合ったときに、こうすればうまくいくはずだと目標を立てて、計画を立案します。そして、その考えたプランを実行できるという、自信を持ててこそ、初めて物事に取り掛かることができるのです。

このときに自己効力感が高まっていれば、勇気を持って、プランを実行することができます。自己効力感は、困難に直面したときにプレッシャーにどれだけ耐えられるかということだけでなく、失敗から立ち直ることができる力にも深くかかわっています。

自己効力感が安定していれば、私たちは何度も挑戦することができる力を手に入れることができます。

私は自己効力感を木の枝に相当する部分だと考えています。幹から多くの枝が伸びていくように、また折れても新しい枝が出てくるように、自己効力感は自分の世界を大きく広げていってくれます。

自分はやれるという気持ちを生み出す

カナダの心理学者、アルバート・バンデューラは「何かをやり遂げることができる期待のこと」を効力予期、つまり、自己効力感と言っています。やる気を出して、物事に取り組むためには、自分に対する期待を高める自己効力感を高めるのが良いと分析しています。

バンデューラは、自己効力感を高めるには4つの要素があると指摘しています。

1つは、「達成体験」です。自分自身の成功体験を重ねることで、同じようなシチュエーションが訪れたときに自己効力感が高まるのです。

2つ目は、「代理体験」です。他人の成功体験の観察をすることで、自己効力感というものが高まります。成功本を読む、自己啓発本を読むというのは、これに当たるかもしれません。しかし、前述したように、自尊感情や自己受容感がそもそも低い場合は、代理体験を経験しても、自分が成功するとは思えないと感じてしまう問題があります。

３つ目が、「言語的説得」です。これは勇気づけられるような言葉がけのことです。こちらも自尊感情と自己受容感という根っこと木の幹の部分がうまくできていないと、やる気が持続することは難しいかもしれません。

４つ目が、「生理的喚起」です。心身の状態が良ければ、やる気が出やすい状態になるということです。

この４つのうち、自己効力感を感じるのに最も効果が高いのが、達成体験です。まずやる気を上げるためには、自分に対する期待感を高めることが必要です。

では、どのようにして自分ができるという期待感を高めていけばいいのでしょうか？　ある事例を見てみましょう。

失敗の引き出しを開け続けない

アテネオリンピック、北京オリンピックの金メダリスト北島康介選手を育てたコーチ、平井伯昌さんは、寺川綾選手を2008年から指導しました。

そのとき、寺川さんは、北京オリンピックに出られなかったものの、なんとか前に進もうと必死だったと言います。

ところが、平井コーチがトレーニングメニューを出したときに、寺川さんは、過去にそのメニューを試してみたが、こういう失敗をしたと言って、平井コーチの出すメニューに不安を覚えたというのです。

実は、キャリアを重ねている人は、成功の引き出しも増えるのですが、同時に失敗の引き出しも増えるものなのです。

特に寺川さんは、自分が進むべき道を模索して悩んでいた頃だったため、余計に失敗への恐れが大きかったと言います。

そのときに、平井コーチはどのように寺川さんの思考を変えていったのでしょうか？

平井コーチは、寺川さんとじっくりコミュニケーションを取り、今までどのようなやり方をやってきたのか、一つ一つ検証することにしたと言います。そのやり方のこの部分は自分と違うから、ここはこう直して欲しいと一つずつ丁寧に教えていったそうです。

すると、その後、少しずつ結果が出たので、あのときこうやったらダメだったという感覚が少なくなっていったそうです。すなわち、受け取り方が変わったのです。

このことは、ビジネスパーソンにも同じことが言えると思います。ある程度、キャリアを積んでくると失敗経験も多くなってきます。

特に自分がネガティブな状態であれば、失敗を恐れて、なかなか新しい手法を試したりすることに抵抗を覚えるはずです。

しかし、寺川さんの事例のように、新しい方法を少しずつ試していって、小さな結果を出し続けることで、自分に自己効力感を生み出すことができます。

マイナスの感情から自分を解放する自己効力感ワーク

「なぜ、あの人にできて、私にできないのか？」

「あの人ばかり、良い目にあっている」

自分にとってマイナスだなと感じる感情は、自動的にその反応が起きると考えがちです。しかし、実際にはそうでなく、自分の意にならないと思うような感情も実は全て自分でコントロールすることができるのです。

こうした感情を出すのも出さないのも、全て自分の意思なのです。それを実感して、自己効力感を上げる簡単なワークを紹介します。

まず、どんなペンでもいいので、ペンを1本手のひらにのせてください。そして、力を入れてギュッと握ります。そのときに、自分が今、ムカつく人、ムカつく出来事を思い出してください。その記憶を思い描いたら、もう一度、全力で握りしめます。

そのまま手を離さずに、別の方に視線を向けてみましょう。窓が近くにあれば、外を見ていただいても構いません。テレビがついていたら、テレビを見ても大丈夫です。

ペンと感情のワーク

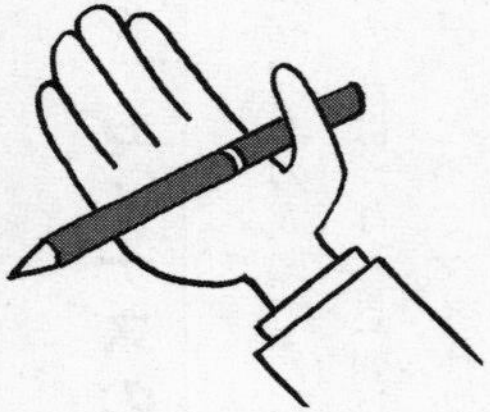

①ペンを自分の
手のひらにのせる

②力を入れてペンを握る。
そのとき一番ムカつく
人を思い浮かべる

③その人とのムカつく出来事を
思い出しながら、全力でペンを握る

④ペンを握ったまま、窓の外やテレビを見る。人に話しかけてもよい

⑤強く握っていた手をゆっくり開く。手のひらの上で転がしてみる

⑥ムカつく人やことの象徴であるペンを机や床の上に置いてみる

⑦「さよなら」の意味を込めてペンを隠す。どんな感じでしょう?

何もない部屋ならば、壁でも天井でもいいので、視線を向けてみてください。もし、近くに人がいれば、自分が今取り組んでいるワークに目を向けずに、適当に会話をしてみましょう。もちろん、その間もギュッとペンは握りしめたままです。

次に、強く握っていた手をゆっくりと開いてみてください。そして、手のひらの上で、ペンを前後に転がしてみるのもよいと思います。

そして、自分が嫉妬の心を向けていた人や出来事を、その象徴であるペンとともに、机や床の上に置いてみましょう。

あなたは、自分の意思でペンを置くことができます。つまり、どうにもできないマイナスの感情にコントロールされているというのではなく、自分で自分を苦しめていることに気がつくはずです。

では、「さよなら！」という意味を込めて、ペンを隠してください。あなたと嫉妬の心はもう無関係です。あの嫌な人や嫌な出来事は、自分の視界から物理的に消えて、もう終わったことです。

さて、あなたは今、どのような感覚ですか？

少しすがすがしい感じがしませんか？

われわれをコントロールしているマイナスの感情というのは、隠されてしまったペンと何ら変わりません。だから、自分が握っているものを手放せば、全て自由にできるのです。

しかし、頑なに自分で握りしめていれば、マイナスの感情はいつまでも付き纏います。

ペンを手放したり、転がしたり、隠したりすることができれば、身も心も自由ですし、頭もすっきりしたのではないでしょうか。

そして、また自分がマイナスの感情にとらわれそうになったら、同じようにワークを繰り返してみてください。そうすれば、マイナスの感情はいつでも捨てられます。

そうした感覚が身についたら、自己効力感が身についてきます。

自己効力感が身についていけば、自分がかなえたい目標に集中することができます。

そして良い流れを引き寄せることができるのです。

未来の満足よりも現在の満足に集中する

多くの人は、将来もっと良くなりたいと、未来の自分のことを考えています。しかし、先々のことばかり追っていては、いつまで経っても自分が満足できる幸せな状態は訪れません。

将来の満足を求めるのは、今よりももっと満ち足りた状態になりたいということです。それは、理想の状態を常に追い求めるようなものです。

たとえば、ある人は、小さい頃にプロ野球選手になることが幸せだというイメージを持つかもしれません。もう少し大人になると、現実的になりますから、料理人になりたいとか、電車の運転手になりたいということを言うかもしれません。そういう状態になることを幸せだと考えるからです。

年頃になれば、異性にモテたいとか、いい会社に入りたい、家族皆が楽しく暮らしたいというふうに、自分の満足の定義は、人生の場面で次々と大きく変わっていくのが普通です。

今、この時とこの先も恵まれた状態にあることが、その人にとっての満足なので、欲望は尽きません。そういう考え方だと常に理想と現実のギャップに悩まされることになります。常に満たされていない状態なので、劣等感、コンプレックスというマイナスのイメージを抱き続けることになります。

そうやって、常に満足できない人に言いたいことは、年収40万円以上のお話です。年収40万円以上は、日本のサラリーマンであれば、ほとんどの人が稼げるのではないでしょうか。

ところが、年収40万円以上（1ドル＝120円で換算）をもらっている人は、世界の総人口のたった5％だそうです。地球という単位で考えたときに、年収40万円以上は超エリートなのです。

生物の行動原理の大原則というものがあります。

人間に限らず、地球上に存在する全ての生物が、気持ちが良いか（快）か、悪いか（不快）という尺度で行動を決めているそうです。これは私たちのどんな場面にも関係してくる大原則で、快・不快という感情を抜きにして人間の行動を理解することができないということがあります。

その中でも、「利益最大の原理」というものがあります。人は自分の得になる行動を選択するのです。悪口を言われて喜ぶ人はいません。お金はないよりあった方がいい。働くなら給料の高い会社がいい。結婚するなら美男美女がいい、魅力のある友だちを増やしたい。

しかし、そうした欲求は、全ての人間が持っているものなのです。

「現在の状態に満足する」というのがいかに難しいのかがわかります。あなたが、いつも理想と現実のギャップを感じたり、劣等感に苛まれたりしていたら、まず「現状に満足する」ことを考えてみてください。

今でも十分に満ち足りているじゃないかと感じるのです。

◯「満足すること」と「幸せ」の違い

ところで、「満足すること」と「幸せ」はどう違うのでしょうか？

『老子』の中に「足るを知る」という言葉が出てきます。老子は満足のことを足るを知ることだと言っています。自分の中に十分であるという尺度を知っておくことが大事だということです。

「幸せ」は移ろうことなく、揺れ動きませんが、「満足」は次から次へ出現し、揺れ動き、常に変化をします。

どんなに粗食であっても「ご飯が食べられて良かった」と感じる心が「幸せ」です。ところが、満足を追求すると、ステーキが食べたいとか、焼き肉が食べたいとか、美味しいパンケーキが食べたいとか、次から次へと欲求が出てくるのです。

幸せならば、目の前の食事について、「ああ、美味しかった」ということで終わるのに、幸せを心から感じていない人は、次はもっと美味しいものを食べたい、と果てしなく揺れ動き続けるのです。幸せを感じなければ、あることを達成しても、次、次と求めてしまう。

欲望という名の満足を求めると、行けば行くほど苦しくなってしまいます。

どんなことをしていても、次を求めるのではなくて、今が十分、今が幸せとまず定義してから、一歩進むのとそうでないのとでは、大きな差が出てきます。

これは自己効力感を身につける方法でもあります。

今で十分に幸せ、次も一生懸命にやろうと思うのです。

ある仕事でちょっとしたミスをしてしまった。うまくできなかったという時に「なぜ、簡単な仕事なのにできないんだ」とか「また、達成できなかった。本当にダメだ」と自分自身でそう思うと、欲望という名の果てしない満足を求めている状態です。これでは、何度やっても少しでもミスしたら、自分を責め続けるので、必ず苦しくなってしまいます。

でも、「ここまでできたのだから、大丈夫」とか「毎日、仕事をこなして偉いなあ」というふうに自分自身で考えると、気持ちが落ち着いてくるものです。なぜ落ち着いてくるのかといえば、自己効力感があるからです。今でも十分、幸せなのだと感じるのが、自己効力感を高めていく、第一歩になります。

◯売上一番を目指していた人の話

私のクライアントで、販売業をしている人の話です。その方は、販売ノルマの達成を毎月達成したにもかかわらず、その営業所で一番にならないと気が済まない性格でした。その方はなんとしても一番を獲得すると考えていました。

そのため、半年間休みを取らずに、プライベートも顧みず、自分の身体もケアせず、猛烈に仕事に邁進し続けていました。その結果、ある日、燃え尽き症候群になり、身体はボロボロになり、うつ症状で動けなくなってしまいました。

このときに、その方がとりあえずでもいいので、「今月もノルマが達成できて良かった」とか「家族と過ごせて良かった」と感じてから次に進んでいたならば、うつ症状に悩まされなくて済んだと私は考えています。

幸せは揺れ動きません。常に「今、ここ」にあるのです。

満足は揺れ動きます。常に「次から次へ」求めてしまうのです。

だから、あなたの満足もあなたがつくれるように行動しなければならないのです。

SELF-AFFIRMATION FOR WORKING PERSON

CHAPTER:4

自分の夢を実現するための「自己信頼感」

自分を信じる葉になる自己信頼感

自己信頼感は、自分を信じられる感覚です。私たちが感じることは、全て自分自身がつくり出しています。勇気も自信も、苦しみも後悔もです。だから、勇気がなければ勇気をつくり出せばよいのです。同じように自信がないのであれば、自信をつくればいいのです。

自己信頼感は、木で言えば葉に相当する部分です。葉が光合成によって、木の成長を促すように、自分を信じて、自信を持つことは自分の人生を豊かなものにしてくれるのです。

アメリカの思想家ラルフ・ウォルドー・エマソンは『自己信頼』という著作の中で、「自分自身に従順であれ」とアドバイスしています。

自己肯定感が低い人は、自分自身に従順ではなく、周りの人や世間の基準に従順という態度を取り続けています。

しかし、あなたが目の前の仕事を完遂したり、自分の夢をかなえたり、目標に到達するためには、まず自分の力を信じる以外道はありません。ごくわずかでも自分を信頼できる感覚を身につけた人はとても強くなれます。

自己信頼感があると、自動的に光合成を始めて勝手にエネルギーが充塡されるような感覚を味わえるはずです。

どんなに厳しい状況に置かれたとしても、自分が置かれた状況が、自分にかなり有利であるという解釈をすることができるようになるのです。そうした感覚が身につくと、冷静に状況を観察できるだけでなく、問題の突破口を探し当てることができるのです。

エマソンも「根拠のない自信こそが、絶対的な自信である」と言っているように、自己信頼によって、結局、自分の自信を高め、自分に有利な行動や選択をすることにもなるのです。

自己信頼感は比較をすると減ってしまう

ところで、エマソンの言う自己信頼というのは、一体、どのような要素によって生み出されているのでしょうか？　それについて、エマソンは次のように語っています。

「幸運をつかむ秘訣は、自分が喜びを感じていることである。神にも人にも常に歓迎されるのは、自立している人だ。そんな人にはすべての扉が大きく開かれ、あらゆる言葉で歓迎のあいさつが送られ、さまざまな栄誉が授けられ、誰もが彼を慕ってついていくだろう」（『［超訳］エマソンの「自己信頼」』ＰＨＰ研究所より）

自分に喜びを感じ、そして、精神的に自立していることが、エマソンの考える自己信頼感の主な要素です。自己信頼感を育むためには、自分が楽しくないことをやったり、世間や周囲の基準に従って生きたりすることは、ご法度なのです。そのようなことをやれば、自己信頼感は育まれるどころか、わずかばかり残っている自己信頼感もゼロになってしまいます。

中でも特に良くないのが、自意識による比較によって、私たちの自己信頼感は危機に瀕することです。

「子どもや動物は相反する心に引き裂かれることはない。自分の感情を疑い、本当はそうしたくないのに損得勘定で動く。そんなことがないのだ。（略）しかし、大人は自意識によって、牢獄に放りこまれたようなものだ。その行ないや言葉が賞賛を浴びることにでもなれば、たちまち囚われの身となり、共感や反感を抱く何百人もの目にさらされて、今度は自分がどう思われるかを気にしなければならない」（同書より）

比較によって、自分の人生を台無しにするのではなく、本当の自分の人生を生きていく必要があります。自動的に他人と比較をする自分の自意識には、よくよく注意しなければいけないのです。

◎他人に「勝つ」ことを目標にするな

エマソンが指摘しているように、自分に喜びを感じられないこと、自立していないこと、そして、他人や周囲との比較によって、自己信頼感は簡単に低くなってしまいます。

自己信頼感を伸ばして、自分の目標を達成したいのであれば、他人との比較の結果である「勝利」を目標にしてはいけません。

オリンピックで23個の金メダルを獲得したマイケル・フェルプス選手のコーチ、ボブ・ボウマンさんは、結果を目指すのであれば、「勝つ」ことを目標としてはいけないと述べています。

理由は簡単です。金メダルの獲得は自分でコントロールできるものではないからです。試合当日に、自分よりも他の選手がうまくやれば、金メダルは他の選手のものになってしまいます。しかし、目標を記録更新にすることで、目に見える目標になって、達成できる目標にできるはずです。つまり、それは自分がコントロールできる目標となります。

ボブ・ボウマンは言っています。

「世間から認められることを目指すのではなく、自分が満足し、かつチームのためになる結果を目指すという視点を身につけることが大切だ」

自分を信頼し、自分の目標に集中するためにも事実に基づいた客観的な目標設定が必要になるのです。

「少し」「あまり」で自分の本心をごまかさない

私たちはよく「少し」とか「あまり」とか「なんとなく」とか、自分の気持ちがわからなくなってきたことをアピールする言葉を使います。

実を言うと、これは「快」か「不快」かを自分で決めていないということです。

「快」とは、対象を肯定して受け入れる気持ちです。

「不快」とは、対象を否定して排除する気持ちのことです。

私たちの感情は「快」か「不快」かのどちらかしかあり得ません。

ある事柄に対して、そのどちらかをどう感じるか振り分けて、初めて自分の感情に気がつくということがよくあるのです。

私のクライアントもよく「少しわからなくなってきたんですけど……」と曖昧な言葉を使うことがあります。ところが、自分の発言に曖昧なレッテルを貼ると理解した状態には永遠になれません。曖昧な状態では、自分の感情はわからなくなってしまいます。そのようなときには、何がわからないのかを客観的に見ればいいのです。

「とりあえず」などのお茶を濁す言葉を使う代わりに、客観的にわからない自分がいるということを受け入れることが大事なのです。すると、わかろうとする努力が始まります。これが本当に「自分と向き合う努力」なのです。

本当はやりたくないことに嘘をついて、やっている人は少なくないと思います。たとえば、嫌な仕事をすることや、嫌な上司に会うというのもそうでしょう。嫌味を言われるような取引先に出会うというのも嫌かもしれません。

しかし、「ちょっと」、「あまり」、「なんとなく」でごまかし続けると、目の前の状況は変わらないばかりか、自分の行動も後ろ向きになってしまいます。前向きになれない自分に失望して、自分を信頼することができなくなってしまいます。

私は自分の本当の感情に対して、抗う必要はないと思っています。抗えば抗うほど、自分への信頼感は低くなってしまいます。そうではなく、自分の気持ちを受け入れることこそ、大切です。そして、自分と向き合うための第一歩は、曖昧な言葉で本心をごまかさないことです。それは毎日のちょっとした心掛けでできるはずです。

あなたが、「ちょっと」「あまり」「なんとなく」という言葉を使ってしまったら、それを外して本当のあなたと会話をしてみるとあなたの本心が出てくるものです。

自分の行動は自分で決められる

ある出来事が起きて、その出来事に対して、どのような感情を選ぶかはあなたの自由であり、そして、選んだ感情を手放すことも自由です。

ちょっとした実験をこれから皆さんに体験していただきたいと思います。たとえば、あなたは会社で行われている会議の最中に、ファシリテーター（進行役）から、意見を求められました。

「○○さん、立ってください」その後、「立たなくていいよ」

同じファシリテーターから、間髪入れずに発せられた、全く逆の指示。

あなたは最初の指示で、これは立たなくてはいけない状況だと五感で察知をして、立ち上がりかけ、次の「立たなくていいよ」で「えっ？」と困惑しながら、腰を椅子に落としました。

これらの一連の行動は、あなたが自分の感情を選択して選んだ結果です。別に最初からずっと座ったままでも、一旦起立して「立たなくていいよ」と言われても座らないという行動を選択することもできました。

ただ、それではファシリテーターに反抗しているようにも見られてしまいます。参加者から変な人だと思われてしまうかもしれません。

このようにあなたが無意識で感じて行動を決めているのです。

つまるところ、この決断の連続が人生を決めているのです。

ファシリテーターがあなたにどんな指示を出そうとも、自分の行動を決めるのは、あなた次第なのです。そして、行動に結びついている感情を手放すことも、曖昧にすることも全部自分が決めているのです。

「どうせ真面目にやったって、常にお金に苦労する」
「毎日、会社員として頑張っても、出世はできない」
「どんなに努力をしても、自分には何も残らない」

このように自分に不快なメッセージを送り、それを選び取るならば、あなたの人生はその決断通りになるでしょう。不快の沼にどっぷりと浸かり続ける人生です。

しかし、

「一生懸命頑張れば、お金に苦労しなくて済む」
「毎日、努力すれば、出世ができる」
「頑張れば、自分に素晴らしいものが残る」

と快の感情を積極的に受け入れれば、その瞬間から、あなたの見える世界は変わり始めるでしょう。

私も35歳まで何をやってもどうせ無理だと思っていました。

しかし、自分には「自分で決めたものを選ぶことができる」という無限の可能性があるということに気がついてから、気持ちがとてもラクになりました。

自分の人生は自分で決められるということです。そのことに気がついたときに、あなたは自分の現在を知り、人と人とのつながりを大切にするようになるでしょう。

人は一生「同じこと」で悩み続ける

人間は根本的には、いつも同じことで悩んでいます。

たとえば、どうしても人間関係で失敗してしまうと悩む人。完璧に準備していたのに、いつも本番で失敗してしまうことに気を病む人などケースはいろいろです。

なぜ、いつも同じことで悩むのかというと、それは過去のトラウマにとらわれたり、他人と比較をしたりすることによって、本当に自分が追求する目的を見失っているからでしょう。

ここでちょっと簡単な質問をあなたにしてみます。

今、あなたの周りには赤色はいくつありますか？

20秒間で、できるだけ多く探して数えてみてください。

5個以上見つかったでしょうか？

それとも10個以上見つかったでしょうか？

では、同じ部屋に、緑色はいくつありましたか？

こう質問すると、誰もが「あれ、いくつあったかな……？」とか「赤に集中していたから、緑のことは全く考えていなかった」と答えるはずです。

あなたは20秒間、赤色を探して部屋を見回していたので、緑色は全く目に入らなかったのです。

なぜそのようなことが起きるのかというと、人間は自分の関心のあることに集中しやすい、という性質を持っているからです。

ずっと自分の関心のあることばかりにとらわれていると、過去のトラウマや比較で自分の嫌な部分を見続けることになってしまいます。

それよりも重要なことは、自分がどのようなところに関心を持つ人間なのかということに気がつくということです。

たとえば、どんな人が好きで、どんな人が苦手なのか。どういう状況だと人間関係がうまくいくのか、それとも悪化してしまうのか。このようなことを一つ一つ検証して、自分を客観的に見るのです。その上で対応策を考えます。

こんな事例があります。ある会社員の方は、いつものように出社した時に上司に挨拶をしました。失礼な挨拶をした覚えはないのに、上司から粗雑な返答しかありませんでした。そこで、その方は勝手に次のようなことを思ったそうです。

「今月の売上成績が悪いから上司は機嫌が悪いのだろう。だって、上司は部の成績しか関心がないんだから……」

このままであれば、上司に苦手意識を持ってしまいそうです。自分の関心のある自分の受け取り方（認知）にとらわれ続ける。その連続が私たちの人生なのです。だから、同じ悩みが何度も出現するのです。

しかし、現実は本当にそうなのでしょうか？　ただ単に考えごとをしていたのかもしれませんし、午後の大事な用事のことで、頭の中がいっぱいになっていたのかもしれません。はたまた、家族との喧嘩で機嫌が悪かったという可能性もあります。

こういうことは自分も含めて状況を客観的に見ないとなかなか理解できません。しかし、客観視をすることで、受け取り方を変えるきっかけにもなります。

仕事への姿勢を決める感情に注意する

自己信頼感が低いと、仕事で発生するマイナスの感情に振り回されることが少なくありません。

しかし、仕事で発生するマイナス感情をそのままにしておくのはいけません。あいつがムカつくとか、あれ嫌だなとか、どうしてもあの仕事はやりたくないなどとずっと思い続けていると、同じような感情に悩まされることがあります。

たとえば、何か不測のことが起きたときに、誰だって最初は、「どうしよう。大変だ」と狼狽することがあると思います。

でも、そこで逃げ続ければ、また同じような不測の事態が起きたときに、同じように狼狽するだけ、ということになってしまいます。

進歩もなければ、成長もありません。

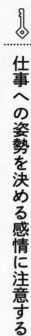

自分でこの難局をどうにか切り開こうと思ったら、なんとかなってしまうものです。

心理学者のアドラーは、「人間は自分の運命の主人公である」と言っていますが、困難な状況を切り開くのは、勇気を持って目の前の課題に取り組む以外ありません。

全ての悩みは、過去や比較によって、あなたがマイナスの感情にとらわれることから生まれています。そのとらわれによって、自己信頼感は低くなり、あなたの人生が思い通りにならなくなってしまうのです。

これまで話しているようにあなたの人生はそのようにとらわれていいものではありません。あなたが選ぼうと思えば、あなたの意思で自由に人生を選ぶことができます。とらわれを握るのも捨てるのも、決めるのは他の誰でもない、あなただということです。それを選ぶ自由は誰にも侵すことはできないということを絶対に忘れないでください。

◯⋂ 自分の人生は自分で決められると理解する

プラスの感情はプラスの行動を生み出し、マイナスの感情はマイナスの行動を引き寄せます。マイナスの感情をうまく手放して、前に進む必要があるのです。

マイナスの感情をうまく手放せないと思ったら、そのマイナスの感情が発生した時間を思い出してみることを忘れてはいけません。

相対性理論をはじめ、数多くの科学的偉業を成し遂げた、世紀の天才物理学者、アルベルト・アインシュタインの言葉に次のようなものがあります。

「いかなる問題も、それをつくり出したときと同じ意識によって解決することはできない」

たとえば、私の場合、家業の借金の返済で苦しんでいたときには、何をしていてもお金が欲しくて、欲しくて、たまりませんでした。つまり、そのときの私の問題意識は「お金」だけにとらわれていたのでした。アインシュタインが言ったように、その問題が持ち上がったときの意識のために解決できなかったのです。

しかし、意識がお金ではなく、自分のお客様の喜ぶ顔を実現したいということに向いてからは、全体が見えるようになり、不思議と商売もうまく回り始めました。意識がお金へのとらわれから、解放され、今まで思いもよらなかった発想やコミュニケーションの面での余裕が生まれたのだと思います。

自分を信頼して、自己信頼感を向上させる。そう決めた瞬間に、自分を俯瞰することができて、あなたの人生は大きく変わっていくはずです。

今、とらわれている心の枠を変化させる

まず、次の話を読んでください。あなたはどちらの声がけに反応するでしょうか？

A

上司からある取引先に提案するプレゼン資料作成の仕事を依頼されました。このときに、「獲得できて当たり前の仕事なんだから、絶対に失敗するなよ」という声がけと、「獲得できて、当たり前の仕事なんだから、普段通りやればいいんだよ」という声がけ。どちらが、部下が一生懸命、その仕事に取り組めそうですか？

B

上司とゴルフ場に来ています。グリーン手前に大きな池があるコースで、上司から次のように声をかけられました。そのときに、「いつも通り打てばいいよ」というのと「手前の池に気をつけて」と注意を促されるのとどちらの方が、良いショットをす

ることができるでしょうか？

あなたは、どちらの言葉に反応しましたか？

ある行動を肯定する言葉は、「肯定語」と言います。事例では、「普段通りやればいい」とか「いつも通り打てばいい」というものです。人は、肯定語で声がけをしてもらった方が、普段通りの力を発揮することができます。

ところが、「失敗するな」とか、失敗に集中してしまう「手前の池に気をつけて」という言葉は、失敗の行動を引き出すものです。この言葉は否定語と呼ばれます。

肯定語は、成功をイメージさせる言葉であるだけでなく、目の前の状況に気づかせてくれる「今、ここ」をありのままに伝える言葉です。そして自己肯定感を実感させてくれる、いつも通りの自分で大丈夫であると思わせる言葉です。

一方、否定語は失敗をイメージさせる言葉や必要以上に注意、不安、恐れを喚起させる言葉になります。

自己信頼感が低いと、自分の中でも否定語を使ってしまうことがあります。そこで、86ページでも使ったリフレーミングで、否定語を肯定語に変えるトレーニングを行っていきます。

たとえば、次のようなことです。

・「なんか、最近いつも失敗ばかりでついてない」(否定語)と心の中で思ったら、「最近、いつもついているな!」(肯定語)

・自分が今やっている仕事で、「なんか嫌な予感がするな。こういう時はいつもダメになる」(否定語)と心の中で思ったら、「なんか嫌な予感がする、ということに気づいた私は、以前より危機管理能力に長けてきた。やり残したことはないか点検してみよう」(肯定語)

・取引先で11時にプレゼンをする後輩に「遅れないでね」(否定語)ではなく、「10時50分に来てね」(肯定語)

などです。否定語から肯定語に変えるためには、「今、ここ」の現在の状況に気づくための、マインドフルネスの視点から変換すると良いでしょう。

こうして、続けているうちに、自然と否定語が出なくなってきます。

自己信頼感を向上させるために潜在意識を変える

自己信頼感を向上させるためには、ネガティブな方向に意識を向けがちな、潜在意識も少しずつ、変えていく必要があります。では、どのようにして自分の潜在意識にアプローチをしていけばよいのでしょうか？

そのヒントが言葉です。言葉には自分の心の状態が如実に表現されています。否定語が出続けるというのは、自己肯定感が低いということです。だからこそ、肯定語を使うことで、自己肯定感を高める必要があるのです。

言葉は潜在意識に大きな影響を与えますが、影響を与えるためには、潜在意識の特徴を摑んでおかなければなりません。潜在意識は次の10の特徴があると言われています。

1　潜在意識は、365日24時間働いている

2　潜在意識は、心の中でつぶやいた言葉をその通りに実現しようとする

3　潜在意識は、善悪などの区別がつかない
4　潜在意識は、時間の概念がない
5　潜在意識は、1人称などの区別がない
6　潜在意識は、脳内のイメージと現実の区別がつかない
7　潜在意識は、産まれてから現在までの必要なことを全て記憶している
8　潜在意識は、繰り返されることを重視する
9　潜在意識は、思ったものを引き寄せる
10　潜在意識は、具体的な質問には必ず答えを出す

たとえば、あなたが誰かを褒めるとします。

「Aさんは、笑顔が素敵」
「Bさんは、とっても気配り上手で楽しい人」

潜在意識の5の特徴で、1人称などの区別がつかないというのがあります。このため、この文章では主語が消えて、

「(私も、)笑顔が素敵」

「（私も、）とっても気配り上手で楽しい人」

として、潜在意識は認識するのです。

相手に対して肯定語を伝えたのに、潜在意識は自分に対して、メッセージを受け取っているのです。あなたに褒められた人は、自己肯定感が高まり、うれしいと思うことでしょう。そして、それを伝えたあなたも勝手に自己肯定感が高まって、自分らしさに自信を持って、自己肯定感が高まっていくのです。

ところが、逆にあなたが、周囲の人に否定語を使うとどうなるでしょうか。いくら主語を相手にしていても、自分に対するメッセージとして潜在意識は受け取ります。

「Aさんは、仕事が遅い」

「Bさんは、イライラしている嫌な人」

こうした否定語が全部、潜在意識によって受け止められてしまうのです。つまり、あなたが使う言葉は、あなたの感情に大きな影響を与えているというわけです。

だからこそ、普段から否定語ではなく、肯定語を使うようにしましょう。そして、否定語を使ってしまったら、肯定語にリフレーミングをすることが大切です。

私たちが使う否定語を、肯定語に変える一例を挙げておきましょう。

否定語　↓　肯定語

どうするの　↓　何とかなるよ
疲れた↓　よく頑張った
嫌だ↓　○○だとうれしいな
なんでしない　↓　○○してくれてありがとう
どうせダメだ↓　きっとうまくいく
もうダメだ↓　なんとかなる
ついてない　↓　ついてる
運が悪い↓　運がいい
許せない↓　許します

SELF-AFFIRMATION FOR WORKING PERSON

CHAPTER:5

ストレスをはねのける「自己決定感」

木に咲く花である自己決定感

自己決定感とは、その名の通り、自分で決めているという感覚です。人間が感じる幸福度は、自分が決めているという人生を自分でコントロールしている感覚に比例することがわかっています。

逆に自分が決めているという感覚を持たない人は、幸福に感じることがないばかりか、心の病にも侵されるほど、精神的に弱くなってしまうと言います。

自分の人生を選択することや決めることは、木に咲く花に例えられるでしょう。花が咲いて、実がなることで自分の人生も次のステージへと進んでいきます。

逆に自分で主体的に物事を決めて、実行する場面が減り、自己決定感が低下していくと、周囲への依存度が増していきます。会社員ならば、上司や先輩、取引先の意向を優先するようになり、人に決めてもらったことを実行するようになります。

こうなってしまうと、失敗しても上司のせいにしたり、うまくいかなかったら環境のせいにしたりして、正しく状況を分析することができません。

自分で選択して決めているわけではないので、選択肢も非常に限られたものになり、状況があまり変化しなかったり、場合によっては失敗することにもなります。

そうすると、ますます依存体質へと変わっていき、自己肯定感がなくなってしまいます。勇気を持って自分で決定するということが結局、自分の幸せをもたらすことに気づくことが大切です。

仕事のストレスのかかりかた

スウェーデンのカロリンスカ医科大学ストレス研究所のロバート・カラセクは、職場の作業負担というストレス要因から健康障害の影響を研究していました。そこで、作業における裁量の自由度が、作業負担の健康障害を緩和するということを発見しました。これをジョブデマンドコントロールモデルと言います。

このモデルに従うと、働く人が自分の裁量で自由に仕事のコントロールをすることができなければできないほど、そして、仕事の要求度合い（仕事のきつさ）が高ければ高いほど、ストレスが高まって、疾病のリスクが高まるということがわかっています。

つまり、自分の自己決定感が、ストレスを強く感じるのか、それとも弱く感じるのかを左右するということです。

○1時間だけ逃げてみる

自己決定感を養うためには、自分の裁量権を増やすということが一番です。ただし、だからといって、組織の一員である自分の意思で現実的な裁量権が簡単に増えるものではありません。

では、どうすればいいのでしょうか？

組織の一員としての自分ではなく、人間としての自分の裁量権を増やすのです。特に強いストレスがかかるときには、自分の気持ちを抑圧する方向に心が防衛機能を発揮してしまいます。このため、「もっと頑張らないと。問題からは逃げてはいけない」という思いに支配されているのです。しかし、考えれば考えるほど袋小路に入っていきます。袋小路に入るとさらに自分を追い詰めてしまうことになるのです。

そこで、私がオススメするのが、「1回逃げてもいいや」と思うことです。逃げてもいいのかな、逃げちゃダメなのかなと葛藤して、迷っていると状況は一向に変わりません。だからこそ、一旦、逃げてみるのです。

とはいっても、逃げることはできないというときもあります。そんなときには、プチ逃避をするのです。

たった1時間でもいいと思います。本屋に行くのでも、パチンコに行くのでもテレビを見るのでもなんでもいいのです。

私の場合は、バラエティ番組をボーッと見ることです。終わったら、嫌なことを始めると時間を区切っていくわけです。そのようなことをやっているうちに、「逃げる」と嫌なことを「始める」の切り替えがうまくなって、仕事が早くなりました。

死にたいほど悩んでいたとしても、その悩みと全く関係のないことを唐突にやり始めるとそれまでの重苦しい気持ちが嘘のように変わっていくのです。

1時間だけ逃げてもいいやと割り切ってください。逃げるが勝ちです。その間にあなたの気持ちも変わっているでしょう。

自己決定感が自然と身につくトレーニング

この見開きの左ページを見てもらっていいでしょうか？

中心の黒い丸を集中して15秒ほど見つめてください。

その後に、1ページめくって、真っ黒なページを見てください。

どうでしょうか？　何か目に浮かびますか？

恐らく、先ほどと反転して白丸の残像が見えると思います。これは私がよくやっていた集中力を高めるトレーニングになります。

白地に黒い丸を見ているときには、1点に集中しています。集中しているときには、脳内に集中を促す「ベータ波」が出ています。

目をつぶって、残像が出ている間は、リラックスして集中するための「アルファ波」と「シータ波」が出続けています。

そして、残像が消えると、ベータ波に戻ります。残像が出現しているとき、脳はリラックス集中状態にあり、アルファ波が出ていることが科学的に証明されています。

残像が出現している時間が長ければ長いほど、あなたの脳はリラックス集中状態にあると言えます。「残存持続時間」と「リラックス集中持続時間」は比例するのです。

残像が見えている間は、マイナスのことを誰かにどれだけ言われようと、あなたの集中力が途切れることはありません。

残像が見えている時間が10秒であれば、その時間内なら、「お前はダメなやつだ」と言われても、心は凹みません。

私は長年このトレーニングをして、次の日も白色の残像が煌々とまぶたに映るようになりました。リラックスをした集中時間が短く、ストレスのかかる緊張時間が長いと、不安になります。そして、相手に注目してしまいます。

たとえば、「今日の仕事は楽しみだ」と感じているときは、朝の出勤時間もそれほど苦にせず、会社に到着していませんか？

「今日の仕事はキツくて嫌だな」と感じているときは、通勤時間にもあれこれ考えて、イライラしませんか？　このトレーニングを通じて実感できることは、結局、自分が

どうあるかということです。

長い間、集中できるように脳を鍛えることができれば、人間関係や周囲の雑音に心を奪われることはありません。

リラックスと集中をコントロールすることで、人に何かを言われても、「自分はそれよりももっと大切なことがある」と気持ちを切り替えることができるのです。それは自分に集中できているから、自分を大切にすることが自然にできるのです。

自分を大切にすれば、決断する力もやる気も自然にわいてきて、無理せず生きることができるようになります。

目を閉じて生活してみる

いつもと違う自分になることで、本当の自分に気づくことができます。そのワークをこれからご紹介しましょう。

まず、ペンとA４の紙１枚を机の上に置いてみてください。

次に目を閉じてみてください。

そして目を閉じたまま自分の名前をその紙に書いてください。

どうでしょうか? ほとんどの人が当たり前ですが、書きづらいなと思ったはずです。紙がどこにあるのかも正確にはわからず、はみ出して書いてしまったかもしれません。

他にも周囲に危ないものがない場所であれば、目を閉じたまま歩くのも体験してみてください。何も見えないことで、不自由を感じたことと思います。

このワークから得られる感覚は「自分の足りなさ」です。

人の気持ちがわからないと思ったら、このワークを行って自分に不自由さを与えて欲しいのです。

いつもと違う自分になることで、本当の自分を理解することができます。

目を閉じるのが難しいということであれば、手を縛ってもいいかもしれません。自分のズボンのポケットに片手を入れて、1時間ぐらい片方の手だけで過ごすというのもいいでしょう。

このワークは、私の心がとてもつらかったときに、介護施設に行ってボランティアのトレーニングをしたことが基になっています。要介護者の状態を体験するために、目を閉じて東京の街の中を歩きました。

そのときに、自分はどれだけ恵まれているのかということを実感しました。私たちはすごく恵まれて生まれているのに、ついそのことを忘れてしまいます。だからこそ、意識的に思い出すことを行うことが重要なのです。

自分以外のより多くの人の立場に立つことができれば、自分というものがわかってきます。自己決定感がないと感じているのであれば、ぜひやってください。

今この未曾有の新型コロナウイルスの感染拡大による、コロナ禍を体験していると思います。

普段と違う生活を強いられることで、本当に自分に大切なものは何かということを改めて確認した人も少なくないのではないでしょうか。その感覚をいつまでも忘れないでいて欲しいと思うのです。

自己決定感がない状態で、仕事のストレスが溜まってくると、自分が今、不足している部分に心の焦点が当たります。自分を不自由な状態にするワークを行うと、自分が足りているところに焦点が当たります。

こうして、ものの受け止め方が変わり、ポジティブな方向に向かって行動が変化します。あなたの心の状態は、あなた自身で変えられるのです。それを忘れないようにしてください。

自分の好きと嫌いの共通項を知る

自分の決定感を高めるには、自分の判断の基になっている価値観に気づくことも大切です。自分の判断の基になっている価値観がうやむやになっていると、自己決定感も自ずと低くなってしまいます。

そこで、次のワークをやってみましょう。

まずA４の紙を用意します。そして、真ん中に線を引いてください。

そして、好きな人と嫌いな人の特徴を左右それぞれに書き出してください。

次にそれぞれの共通項を書き出してください。

共通項を探すのは意外とシンプルです。

たとえば、好きな人だったら、「自分を守ってくれる人」とか、明るい人だったら、「一緒にいて楽しい人」と書いていきます。嫌いな人だったら、「自分を責める人」とか、「暗い人」というように書いておきます。

そして、もう一度、書かれた紙を見て、共通しているものを見直してみるのです。すると、とても単純な理由で好き嫌いが分かれていることがわかります。改めて書き出してみると、嫌だなと思っている理由があまりにも単純で、驚くと思います。そんなにもくだらない理由に感情が左右されているのかと自分がバカバカしく感じます。

なぜかというと、人間は、そんなに細かく分類できるほど、相手のことを正確に理解していないからです。

せいぜい覚えていても決断が早いとか優柔不断とか、落ち着きがない、いつも何かに怒っているとか、そのレベルの特徴しか思い浮かばないのではないでしょうか。これは、「0か100か思考」を実感するワークでもあります。自分の好き嫌いを客観的に知るということ、自分の柔軟性のなさ、極端な思考を実感してもらうというのが目的になります。

自分の好き嫌いや極端な思考が理解できれば、仕事上で出会った嫌な人にも柔軟に対応できるようになります。なぜならば、自分の受け取り方によって、自分の感情も変わるからです。

人は常に過去の経験が蓄積されたデータベースから、情報を引き出してきます。その人の本質を見ずに、一見して「あっ、過去にあったあの時と同じ雰囲気だから好き」とか、「過去にあった嫌な感じの雰囲気だから嫌い」とか簡単に評価をくだしていることが多いのです。

しかし、自分のデータベースよりも目の前のことや人をしっかり見つめて、そこから判断することの方がずっと大切です。

だから、極端な自分の「好き・嫌い思考」が働いたら、「ちょっと待って、もう少し相手をちゃんと見てみようよ」と自分の中の先入観を横に置くことをぜひしてみてください。

そうすることで、あなたの過去の記憶やとらわれているものが、偏見や先入観で直感を鈍らせる敵から、柔軟でより深い判断の手助けをする味方になるのです。

決断力がつく「タスク・マネジメント・テクニック」

２章「課題の分離」で活用したスキルを応用して、自己決定感を高めるために活用する方法もあります。それが「タスク・マネジメント・テクニック」です。

方法は簡単です。

自分が直面している課題を掘り下げて、書き出します。次にその課題の責任は誰にあるのかを仕分けるだけでいいのです。

表にするとよりわかりやすくなります。

まず、「課題の項目」を書きます。たとえば、営業成績を上げたいということで考えてみましょう。

次に「課題に対する責任」を書きます。この責任の項目は、３つです。１つは、自分の責任、２つ目は、共同の責任、３つ目は第三者、相手、組織の責任です。

ここまで私たちは、自己肯定感について学びました。課題に対する責任も自分の責任だけを見出すことが大切です。自分が何もかも背負っても責任は果たせません。チーム全体として自分のやることを明確にして、自分の役割でないものは除外していくことが大切です。

職場でやらなければいけないことは、多岐にわたっているだけでなく、曖昧である場合がほとんどですから、もう一度、自分の中で考えてみるのです。

たとえば、営業力を上げるためには、直属の上司に自分の営業スタイルの方法を確認して、フィードバックをもらうというのも良いでしょう。そのときに注意しなければならないのは、具体的な行動にまで落とし込めることをフィードバックしてもらうことです。

その時の基準として、具体性の法則「ＭＯＲＳ」の法則があります。

ＭＯＲＳの法則とは、

Measured　計測できる

Observable　観察できる

Reliable　信頼できる

Specific　明確化されている

の4つのポイントです。この4つが明確化されていないと責任の所在も明らかになりません。「親密にコミュニケーションを取る」というのも一見すると、責任の所在が明らかになる行動を表現しているかのようですが、そうではありません。顧客に対して、2週間に1回連絡を取るなど、具体的な行動に落とし込んだ上で、責任の所在を明らかにしていきます。

自分の心をコントロールできるようにする

侘び茶の創始者である村田珠光の言葉に「心の師とはなれ、心を師とせざれ」があります。

意味は、「あなた自身が心の師となりなさい。心をあなたの師としてはいけません」ということです。

心は揺れ動くものです。私たちは揺れ動く心を持っているので、それをうまくコントロールしながら、人生の目標に向かっていきます。目標の途上には、心がマイナスのときもありますし、プラスのときもあります。目標に到達するには、努力も必要ですし、決意も必要ですし、他人に共感することも重要です。目標に到達するまでアップダウンを繰り返しながら、それらをやらなければいけないのですが、そのときに大事なのが、人生の目的なのです。

人生の目的があると、あなたが揺れ動く心の師となり、自分の中に自分軸が生まれます。ところが、人生の目的がないと、揺れ動く心があなたの師になり、軸もなくぶれ続けます。

私は日本全国でカウンセリングを行っています。ある街では、研究者のクライアントが多くいました。一流の大学を卒業して研究所に入られたのです。

ところが、皆さんは人生の目的が「研究所に入ること」でストップしていました。その研究所は、日本有数のトップクラスの研究所ですから、入所したらすぐに激務に追われていました。

仕事が忙しくなってきて、何のために研究所を目指したのかわからなくなってしまったということでした。世間から見れば、地位や名誉もあるし、高い収入も保証されているから、何が不満なのかと思うかもしれません。

しかし、人生の目的がないと、そこで本当に自分の決断は良かったのか、という疑問が生じてしまうのです。

何かのやる気を引き出すためには2つの動機づけの方法があります。1つは、外発的動機づけです。外発的動機づけとは、外からの働きかけによって、生まれるやる気のことです。

たとえば、何かをやったら褒められるということで、やる気を生み出している方法があります。誰もが羨むような地位や名誉を得られることを目的として頑張るのも外発的な動機づけになります。

一方、内発的動機づけとは、行動すること自体が楽しいと感じるために生まれたやる気のことです。

地位や名誉という外的な報酬が目的になると、自分の軸を見失いがちです。外的報酬を手放せない心と、本当の自分を解放したい心が葛藤を始めるからです。

そうすると、何のために生きているのかわからなくなり、心の病に侵されることも少なくありません。

そうならないためにも、自分自身の人生の目的や自分の内側から出てくる内発的な動機をしっかり持って心に軸のようなものをつくることが大切なのです。

人生の目的のつくり方

私は2021年の東京パラリンピックを目指している選手のサポートをしています。その方は、大会で金メダルを獲ることを目標にしています。

彼がなぜ、金メダルを獲得したいのか？ それは両親の喜ぶ顔を見たいからということでした。彼にとっては、金メダルを獲得することは「目標」ですが、その本来の目的は、ご両親の笑顔が見たい、ということなのです。

彼は、その目的があるから、私は彼はメンタルがものすごく強いと感じました。事実、練習試合で徹底的に負けたことがあっても、目的のために何度も立ち上がってきます。

名誉やお金、地位というものは、目標になりやすいものです。しかし、何かを目指すという人生の目的にはなり得ません。

だから、金メダルが目的になっている人は、一度の人生の挫折で先に進めなくなってしまうのです。逆にメダル獲得の先の目的がある人は、どんな困難でも努力を続けることができるのです。

２０２１年の東京パラリンピックで、金メダルを獲得するというのは、あくまでも目標です。目標は期限が過ぎたら終わり、達成したら終わりです。

ところが、ご両親の笑顔が見たいというのは、目的です。目的には地位も価値も期限もありません。あなたの目標はなんですか？　そして、その先にある目的はなんでしょうか？

前に進むためにも、もう一度、確かめてみる必要があります。

SELF-AFFIRMATION FOR WORKING PERSON

CHAPTER:6

自分が役に立っている感覚を養う「自己有用感」

たわわに実った果実を表現する自己有用感

自己有用感とは、周囲の人や社会とのつながりの中で、自分が役に立っているという感覚です。私は木で言えば、実に当たる部分だと考えています。自己有用感は人間が社会的存在として根本的に持っている帰属意識と深い繋がりがあります。

現代は個人主義が極端に進んだ世の中で、社会から個人が分断されているなどと言われていますが、人は社会から孤立して生きることはできません。煩わしい人間関係の問題も、社会に出て、実際に人と接することで解決する事例も少なくありません。

社会への帰属意識は人間が持っている基本的な欲求に近いものがあります。自己有用感は、ビジネスの現場でもうまく活用されています。

たとえば、ディズニーランドやスターバックスなどのアルバイトが非常に優れた働きを見せている組織では、必ず現場で働く人同士が褒め合う仕組みが導入されています。一般的な会社の表彰制度は、評価する権限を持っている上司が部下を一方的に表彰するという形式がとられます。

しかし、ディズニーランドやスターバックスなどでは、現場のキャストやアルバイトがお互いを褒め合い、そうした中で最も評価の高い人が表彰される仕組みになっています。

自己有用感があれば、逆境にあっても目の前にあることを継続していく意識が高まります。人は誰しもが自分のやってきたことに対して、疑問を持ったり、不安を抱いたりすることがあります。いくら目標が明確であっても、後ろを振り向いてしまうことがあります。

そうしたときに、心が折れないように前を向かせてくれる力が自己有用感です。

○今、この瞬間に世界で起きていることを知る

誰もが学生のときは、学校と家庭が世界の半分でした。社会人になって働き始めても、職場と家庭が半分以上を占めるという人がほとんどではないでしょうか。

私たちは、その限られた場所での悩みが深刻であればあるほど、過去を振り返ったり、比較をしたりして、マイナスの感情にとらわれてしまうのです。そして、この世

界からは逃れられないと、自分の見える世界を小さく感じてしまいます。そうすると ますます、行動ができなくなってしまうのです。

そんなときに大事なことは、「自分のあり方を知る」ということです。

「自分のあり方」を知るというのは、何か難しく感じると思いますが、情報があふれている世界では、意外と容易なことなのです。

私は、よく自然写真をSNSでリアルタイムで見ています。私が見るのは、世界各地の現在の写真です。同じ時間のさまざまな出来事を知ると、今の自分の悩みは、とてもちっぽけに感じられるのです。

「課長のあの言い方、腹が立ってしょうがない」というときに、パリのシャンゼリゼ通りを照らす陽光やガラパゴス諸島のイグアナたちの写真を見ると、どうでもいいやと思えてきます。パリやガラパゴス諸島が嫌ならば、他の地域でもいいと思います。どうでもいいやと思えたときに、本当に今の悩みは重要ですかと、自分に問いかけてみるのです。

自分がイライラしてどうしようもないと感じたときに、同じ世界の同じ時間の風景を見てみると、もっと自分にはやることがあるのではないかと、バカバカしくなってくるのです。

あなたがどんなに目の前のことで、落ち込んでクヨクヨしていても、その瞬間、世界、地球、宇宙のあちこちでは、全く関係のないことが進んでいるのです。今、その場所だけにとらわれずに、視野や興味を圧倒的に広く持つ、そして、クヨクヨしないであなたのあり方を見つけて進んでいきましょう。

◯ 焦ったときに、元の自分に戻れる振り返り

たとえば、北島康介選手を指導した平井伯昌コーチは、焦ったときは自分の歩んできた道を振り返るという行動で、自分の自己有用感を高めているようです。

コーチという職業は、選手の成績が振るわなければ、即自分の責任になるだけでなく、過去に良い成績を収めていても、現在結果が出ていなければ過去の人として扱われてしまうということです。

このように競争の激しい職業なので、特になかなか結果が出せないという状況であると、つい他のコーチの実績に対して焦ることがあると言います。自然と比較をして

しまっていたのです。

そうしたときに平井コーチがやっていたのが、自分のこれまで歩んできた道の振り返りでした。

普通に考えれば、自分が失敗した事実が含まれている過去は見ない方が、前向きになれると考えがちです。しかし、自分がこれまで培ってきた中で、うまくいった部分とこれから必要である部分、つまり、自分が有用であるという部分が、失敗の中に埋もれているかもしれません。

失敗の事実から発掘する作業は、とてもつらく感じるかもしれません。しかし、自己肯定感をこれまで育んできた皆さんだったら、マイナスな気持ちにならずにできることでしょう。

前に向かうときに何が必要なのか、それは自分が辿ってきた道を振り返るしかないのです。

日々、あらゆる面で、私は良くなっている

私がパニック障害で悩まされていたときに勉強した、自己暗示法の創始者で、後世自己啓発にも大きな影響を与えた、フランスの心理療法家、エミール・クーエの有名な言葉があります。それは次の言葉です。

「日々、あらゆる面で、私は良くなっている」

もともと薬剤師だったクーエは、「私」という主語を入れたプラスの言葉を口にすることで、薬の効果が高まることを発見しました。これを暗示（アファメーション）といい、短い前向きな言葉を繰り返すことで、自分を変えていく技法です。

人は自分が発したメッセージを認識し、それに従って行動をしています。

この一連のプロセスは、理性ではなく、無意識のレベルで働いているのです。

どこか自分に有用感を感じられない、社会の役に立っていないのではないかと考えてしまう人は、「ダメだ」と一日中、否定的な言葉を呪文のように繰り返して、自分で自分を「ダメ」な人に確定しています。

この状態では、自己有用感を感じることができず、現状を打開するインスピレーションも得られません。

「ダメ」「できない」「無理」という言葉はやがて、「どうでもいい」「死にたい」という言葉に置き換わり、ますます八方ふさがりになります。

この流れを反転させるには、「逆のことをする」しかありません。否定する言葉を肯定する言葉にして、潜在意識に毎日植え続けるのです。

潜在意識は、私たちが何の努力をしなくても、無数の細胞を毎日創造しては古いものと入れ替え、体を生かし続けています。

また、私たちは努力をしなくても無意識のうちに習慣通り、人生をかたどっています。人生を創造しているものも潜在意識なのです。

逆に考えれば、潜在意識のこの驚異的な作用を利用すれば、自分の有用感を高めることが可能です。クーエはそのような心理療法を世の中に広めて、多くの患者を救いました。

しかし、私がクライアントにこの言葉を伝えるときには、少しアレンジして伝えるようにしています。

「日々、あらゆる面で命は良くなっている」

「日々、あらゆる面で、世界は良くなっている」

「日々、あらゆる面で、宇宙の根源は良くなっている」

暗示（アファメーション）の世界では、より大きな範囲での解決を考えた方が、悩みを解決しやすいと私は思います。

「私」のことだけを考えて、問題の表面的なところだけを解決するよりも世界の根本を解決するぐらいのイメージを持った方が、自分の心の闇にとらわれることはありません。

イメージをするときには、たった今の「私」ではなく、もっと長いスパンの「命」を包括し、範囲を大きく広げた「世界」の問題を考えることです。究極的には「宇宙の根源」が良くなることを口に出すのです。

「宇宙の根源」とは、パナソニックの創業者、松下幸之助がよく用いていた言葉でもあります。大阪府門真市にあるパナソニックの本社の敷地には、次のような文章が掲げられています。

「宇宙根源の力は、万物を存在せしめ、それらが生成発展する源泉となるものであります。（略）私どもは、この偉大な根源の力が宇宙に存在し、それが自然の理法を通じて、万物に生成発展の働きをしていることを会得し、これに深い感謝と祈念の誠をささげなければなりません」

宇宙の根源に感謝しながら、それが日々良くなることを口に出したときに、私たちの自己有用感が劇的に向上するのです。

クライアントの中には、会社への通勤中にこの言葉を呟いている人もいます。あなたもやってみてください。必ず大きな違いが出てきます。

そして、悪い言葉と良い言葉の違いを実感してみてください。たとえば、次のような言葉です。

「日々、あらゆる面で命は悪くなっている」
「日々、あらゆる面で世界は悪くなっている」
「日々、あらゆる面で宇宙の根源は悪くなっている」

と、否定的に呟きながら出社した日と、

「日々、あらゆる面で、命は良くなっている」

「日々、あらゆる面で、世界は良くなっている」

「日々、あらゆる面で、宇宙の根源は良くなっている」

と、肯定的に呟きながら出社した日の違いを感じてください。明らかにその一日が違います。

この暗示は自分に有用感を持たせ、自分を好きになる方法です。

自分を好きになれば、自信が出てきます。勇気がわいてきます。

次へ挑戦しようとする気持ちが出てきます。

毎日1分間の暗示で、あなたの自己有用感を大きく上げることができるのです。

小さな善行で意図的に自己満足する

自己肯定感は、上がるときもあれば、下がるときもあります。どうしてもやる気が出ないとか、動きたくないというときには、自己肯定感が低くなっていることが多いのです。

自己肯定感が高いときと低いときのブレ幅をなるべく平準化するためにも、自己有用感を日頃から高めておく必要があります。

ポイントは自分で努力してそういう状況をつくるということです。自らつくったことそのものが自分の自信になります。

たとえば、どこかの公共のトイレを使ったときに、ちょっとした掃除をするというのも良いと思います。もちろん、掃除といっても本格的な掃除ではなくて、自分が使った洗面台の水濡れや埃をさっとティッシュなどで拭くぐらいでいいです。

重要なのはその後の心の言葉です。次のように心の中でつぶやくと良いでしょう。

「なんて自分は偉いんだろう。こんなことを人のためにやっているなんて、偉すぎる」と完全な自己満足ですが、心の中でつぶやいてください。

これは何より自分に「いいね！」を押すという意味合いがあります。そうして自己満足を自分の中に貯めていくと、次第に自己有用感が自然に貯まっていくのです。自己有用感が貯まっていくと、ちょっとやそっとのマイナスな出来事があっても、平気になっていきます。

マイナスの状況を跳ね返せる状態になったら、自分で自分の人生をコントロールすることができます。自己満足でいいのです。自分で自分に思いやりと優しさを与えると、自己有用感は高まっていくのです。

相手には同情しないで共感だけする

人間には誰しも承認の欲求というものがあります。承認の欲求というのは、他人に自分を認めてもらいたいという人間の根源的な欲求の一つです。

他人に認めてもらえなければ、社会にかかわることだけでなく、自分の存在自体が危ぶまれることもあるでしょう。職場などの集団の中で孤立すると精神的に動揺したりします。

人間は社会的な動物なので、社会とのかかわりがなくなってしまうと、生きていけなくなってしまいます。ですので、他人から自分の存在を認めてもらうというのは、命にかかわることと言っても過言ではありません。

このような根源的な欲求が私たちの中にあるために、自己有用感が低い人は、他人を気にしすぎる側面が強くなる傾向にあります。

たとえば、他人に合わせようと無理に自分を偽って振る舞ったり、他人に嫌われまいと自分の主張を控えたりすることです。

ところが、他人に合わせたり、自分の主張をしないようにすればするほど、自己有用感は低くなっていきます。

自分の考えやこだわりで、相手とコミュニケーションをとっているわけではないので、自分を有用することから、離れていってしまうのです。

無理に相手から好かれようと思うのでなく、誰からでも好かれようと思うことは不可能で、その必要もないということを理解することが大切なのです。

同情は自分の価値観の押しつけ

人間関係はいつも50対50という比率ではありません。自分の気持ち次第で相手との関係性は変わります。

その中でも重要なのは、自分が相手を好きになろうということ。いいところを認めようという決意をして、そこから関係性を始めることが大切だと思います。そして、自分から関係を始める上で重要なのが、共感です。

共感とは相手に関心を向けることです。

たとえば、信頼しているパートナーに対して、あなたが一生懸命、今日の出来事を話しているときに、面倒くさいという雰囲気でパートナーがため息をついたら、あなたはきっと怒るに違いありません。

しかし、そのときの自分は共感をしていません。相手の気持ちに関心を持つのが共感ですから、ため息をつくほど大変なことがあったのかと思うことが共感なのです。

そこで「何があったの？　大丈夫？」と聞き返してしまうのは同情です。重いため息は、何か悪いことがあったに違いない。その状態はかわいそうだから、なんとかして解消をしてあげようという感覚で、一見、相手を思いやる態度にも思えます。

そこには相手の今の状態は良くないという自分の尺度で相手の状況を捉えている自分がいます。そして、それが解消できるように相手をコントロールしたいとまで思う欲求が含まれているのです。

同情は相手の心をコントロールすることです。積極的にすべきではありません。そうではなくても、「何か大変なことがあったんだな」と相手の心に関心を持つのが、共感なのです。

いわば、相手を一人の人間として認めるのが共感です。

相手の状態を自分の尺度で推し測って、相手の心をコントロールしようとするのが同情です。同情からは相手への尊敬は生まれません。

なぜならば、親子のような人間関係になってしまうからです。人間関係において、50対50の平等な関係というのは、あり得ません。30対70、20対80、1対99ということもあり得ます。そこで大事なのは相手への同情ではなく、共感をすることなのです。

負の流れを止められるのは自分

自己有用感を醸成するには、社会との関わり合いが重要になってきます。しかし、社会とのかかわりといっても、自己有用感が低い状態では、どのように社会にかかわっていけばいいのかわからないという人も少なくないでしょう。そこでポイントとなるキーワードが、相互尊敬と相互信頼です。

心理学者のアドラーは、相互尊敬と相互信頼ということをとても重要視しています。その重要性を表す、こんな話があります。

ネイティブ・アメリカンのアパッチ族が住んでいるところには、底なし沼がたくさんありました。あるとき、子どもが2人、底なし沼にはまってしまいました。

そのとき、2人の子どもは、お互いに罵り合いました。

「お前がここに連れてきたから、沼にはまったじゃないか！」

「そういうお前だって、ここに来たいって言っていたじゃないか！」

こうして、罵り合いつつも、一生懸命もがきました。

ところが、そうすればそうするほど、どんどん深みにはまってしまいます。

ついには、首もとまではまってしまいました。こうなるともう動きが取れません。

どうにもならなくなってしまった2人は、お互いに謝りました。

そして、お互いを尊敬するようになりました。すると、ものすごく冷静になることができて、最後まであきらめずに、頑張ろうということになりました。

すると、あることに気がついたのです。

それは、動くから沼にはまってしまうということでした。

「動こう」とか「もがこう」とすればするほど、焦るので、沼から出られなくなるのです。そこで、動くのをやめようということになりました。

さらに、手を少しねじったり、肩をねじったり、足を少し曲げるぐらいなら、沼にはまらないことに気がつきました。小さな動作を繰り返していくと、自分の周囲に少しずつ、スペースができてきました。

少しゆとりが出てきたことで、ゆっくりと沼の縁に向かうことができました。そして、最終的には、2人とも底なし沼から脱出することができたのです。

何か問題が起きたときに、焦ったり、じたばたしたり、もがこうとしたりすると、問題の深みにはまって身動きが取れなくなってしまいます。多くの問題には、人がかかわっていることが少なくないですから、その相手を罵ったり、非難したりしてしまいます。

そうすると、罵り合いは、応酬状態になってしまいます。互いに冷静な視点を欠き、事態は悪化の一途をたどってしまうのです。そんなときには、一呼吸を置いて、相手を信頼することを思い出してください。

悪い方向に流れていく、その流れを止めるのは自分自身なのです。まず、自分から相手の立場になって考えて、相手を信頼して尊敬するようにしましょう。

「つい、感情的になってしまった。申し訳ない」と一言口にします。そうすると、その瞬間から、相手の受け取り方も変わり、解決に向かって、コミュニケーションを取ることができるのです。

これが相互尊敬と相互信頼なのです。

マイナスの言葉にありがとうをつける

高名なお坊さんや、心理学の大家、精神科医、いろいろな人が感謝の言葉を常に口にしなさいと言います。その理由は、さまざまですが「ありがとう」のような感謝の言葉はプラスの言葉で、脳にとっても心にとっても良い作用を及ぼすのです。

そのような状態になると、楽しい気分になって、些細なことが気にならなくなり、苦しいことや嫌な記憶を忘れることができます。

私は一時期、自宅から一歩も出ることができない状態になっていました。無理に外出すれば、不測のタイミングで、パニック発作や過呼吸が起きてしまうからです。

そんなときに私は、こう独り言を言いました。

「もうどこにも行けない。畜生。ありがとう」

「やっぱりダメかも。ありがとう」

どんなネガティブな言葉でも、語尾にありがとうを加えることを繰り返していました。そうすると、外出できる範囲が少しずつ広がっていったのです。「ありがとう」

という言葉の持つ力です。

あなたがもし職場の同僚で苦手な人がいたら、「あのクソ○○、ありがとう」とその名前にありがとうをつけて、つぶやいてみてください。

上司に嫌な人がいたら、「あのバカ部長、やってられねえや、ありがとう」というように心の中で思ってみてください。

すると、あなたの心の中で、不快なところを快が打ち消していきます。その効果を実感して以来、私はノートに「ありがとう」を何万回も書き続けました。

ものの受け取り方が変化して、マイナスな言葉がプラスに作用するのでしょう。

「ありがとう」と口にすることや、ノートに何回も書くということに抵抗があるという人は、「ありがとう」を書いた付箋を手帳の裏に貼っておいてください。

普段から自然に目に入るようにして、快の気持ちが出るようにするだけでも、自分に起こってくることは、大きく変わってきます。

「ありがとう」は本当に魔法の言葉で、その響き自体に素晴らしい力を持った言葉です。あ・り・が・と・う。たった5文字の言葉です。この5文字が、あなたの「今」と「未来」をプラス感情に変える力となります。

逆シャンパンタワーの法則

自分が満たされていなければ、周囲の人も幸せにできない。心理学でよく言われる「シャンパンタワーの法則」です。

自分をタワーの頂点に置かれたワイングラスだとします。グラスが満たされると、そのあふれたワインは家族が入っているその下のワイングラスに注がれます。家族が満たされて、同じようにワイングラスにある学校や職場、地域社会にワインが注がれて、段階的に満たされた気持ちの範囲が広がっていくというものです。

私はむしろ逆のベクトルで考えた方がいいと思っています。なぜならば、シャンパンタワーの法則だと、自分が満たされるまで待たなければいけません。

しかし、逆シャンパンタワーの法則だと、自分が満たされるまで待たなくていいので、すぐにでも実行することができます。さらに自分の満足度はより高くなるということが、私の臨床経験から明らかになってきたのです。

方法は簡単です。まず、自分ができる範囲の人に感謝の気持ちを表してみるのです。

周りの人の役に立つことを考えて、実践してみましょう。

その結果、周りから「ありがとう」とか「あなたがいてくれてよかった」と感謝をしてもらえます。職場でも「すごい、よくやった」と称賛されることでしょう。

重要なのは親も含めて子どもの頃にお世話になった人に「ありがとう」と感謝の言葉を述べてみることです。

すると、昔叱られたり、つらかったことが実はとてもありがたいことだったということに気がつかされて、今、自分が生きていることがとても重要だということに思えるのです。

これは心理学的に正しいだけでなく、脳科学的にも正しいことを行っていると言えます。

たとえば、「ありがとう」と言うことで、感情を司っている脳幹から、安心感や楽観的な考え方、冷静さを促す、神経伝達物質のセロトニンが出てきます。

このセロトニンには、怒りの神経伝達物質である、アドレナリンや欲求を増大させるドーパミンを整える効果もあるのです。

また自分が「ありがとう」と言ったら、「ありがとう」と相手から返されるのが、返報性の法則です。より多くの人から感謝の言葉を受け取ることになるでしょう。心理学的には承認欲求が満たされて、社会に認められた自分がいることを認識できるので、自己肯定感が高まるのです。

すると、さらに気持ちが良くなってセロトニンがたくさん出てきます。セロトニンが多く放出されると、些細なことはどうでもよくなってきます。

このような感謝のサイクルが生まれれば、さらに「ありがとう」と言い続けることができます。

自分一人でできることは、たかが知れています。人間は一人では生きていけません。周囲に感謝して、感謝されることの喜びが人生の充足感になり、一歩踏み出すきっかけや人生の大いなる勇気になるのです。

人の役に立っているという実感は、何物にも変えがたいエネルギーになります。このエネルギーの連鎖があなたにたくさんの幸せを引き寄せるのです。

自分を助けてくれた人に葉書を出す

そうは言っても、何から始めればいいのかわからない、という人が多いかもしれません。そういう人にご紹介したいのが、感謝の葉書です。

ある女性のクライアントがいました。この方は、人が信じられないという不信感の塊だった方なのですが、今までお世話になった方へ感謝の葉書を出すことで、大きく変わりました。

最初に今まで、どんな人にお世話になったのか、ノートに書き出してもらいました。自分で書き出してみると、不信感の原因となっていた過去の人間関係の中にもお世話になっている人の名前がたくさん出てきたのです。

「お世話になった人なんかいない。逆に自分がお世話したぐらい」

当初は、そんな考えにとらわれていたのかもしれませんが、私は彼女にこんな質問を投げかけてみました。

「小さい頃に、おしめを替えてくれた人は誰だったか思い出してみてください」

「小学校の頃、印象に残った先生はどんな人？」

そのようにいろんな質問をすると、次々と名前が出てくるようになりました。

これを読んでいるあなたはどうでしょうか？

「お世話になった」と考えると出てこないかもしれませんが、「あの人がいてくれて助かったな」とか「あの人のマネをしようと運動や勉強、頑張ったんだよな」と思うと、いろいろな人が浮かんでくるはずです。

その方もそうやって一人一人思い出して、50人ぐらいリストアップして、葉書を出しました。

葉書の内容は、「今、こうして元気に暮らしているのは、あなたのおかげです」というう、ごくごくシンプルなものです。

その結果、十数名の方は残念ながらお亡くなりになっていましたが、残り三十数名の方からは、全員返信があったそうです。

その返信によって、その方は、すごく自信がわいてきたそうです。

その方は自分には生きる価値がない、と思っていたのに、こんなに認めてくれる人がいるということが実感できて、人に対する不信感がすっかりなくなってしまいました。

自分が「ありがとう」と言いたいぐらい印象に残っている人は、当然、相手も大切に考えてくれたのだと思います。

中には、元気じゃないから近況の葉書なんて書けないという人もいるかもしれません。しかし、そういうときには、元気でなくても、元気ですと伝えてください、と皆さんにアドバイスをしています。

もちろん、葉書の枚数は重要ではありません。まずは2、3人の方を思い浮かべ、そのうち1人に葉書を出すことから始めてみてください。

無理矢理でもいいから周囲にシャンパンを注ぐことで、自分が立ち直れるきっかけになるのです。

言葉でもいい、あなたの感謝の感情を伝えるのです。

今までの人生の中で、手を差し伸べてくれた人がたくさんいた。

そして、今この瞬間も手を差し伸べてくれる人がいるんだと実感できるでしょう。

最初の一歩の決意表明をする

最初の小さな一歩（ワンステップ）は、ほんの小さな前進かもしれませんが、それは当然のことながら、次の前進につながっています。

何か自分を変えたいと思ったときに、私は誓約書を書いてもらうようにしています。「私、中島輝は、12月31日までに、職場に復帰をします」などと自分で自分の心に誓約書を書くということです。

できれば、ここは具体的な数値を入れた方がいいと思っています。

たとえば、うつ病で休職をされている方は、「来週は週3回会社に行きます」と決意表明をしてもらいます。

決意表明の効果は、自分が誓ったことに対して、できたかできなかったかが、自分自身でわかる、ということです。ですから、決意表明を書くこと自体に意味があると思っています。

次に行うのが、分析です。週3回会社に行きますと表明した人が、次の週に来たときに、週2回しか出社できなかった場合、なぜ出社できなかったのか原因を検証していきます。

たとえば、うつ病で休職をされている方というのは、フルタイムで働く前に、仕事に慣れる期間が必ずあります。

そこで、ワンステップの決意表明をしてもらいます。

前述したように、週3回出社するという決意表明をしてもらった場合、週3回出社できるかできないかの成功と失敗の分かれ道は、1日目でだいたい決まっています。というのは、最初に嫌なことがあって、つまずいてしまうと、どんどん行きづらくなるからです。

成功、失敗という結果が目的ではなくて、なぜ行けたのか、なぜ行けなかったのかという自分の心のプロセスを客観的に明らかにするというのが目的です。

この工程は、かなり細かくやります。たとえば、出社できたときの自分の感情、出社して、挨拶を交わした同僚の反応、そしてそれを見て感じた自分の感情、出社し続けたことについての自分の心象風景の変化……。

そのような細かい自分の心を改めて、自分で捉え直すと、前に進むことができるコツが見えてくるものです。

嫌だなと思っていることをやらなければいけない場合、気持ちがマイナスになって、できない理由ばかりを探しがちです。

しかし、最初の一歩で決意表明をして、その結果をきちんと分析すれば、誰でも前に進むことができます。この方法は、何にでも応用することができます。

なぜできたのか、できなかったのかの分析も忘れずに。

小さな一歩が大きな前進につながるように、できるだけ数値化して行うことが大切なのです。

この瞬間にも時間は移ろっています。

今日できることをやる、小さな一歩の連続をやる。

あなたはやっぱりできないからと何もせずに過ごしますか？

今日、精一杯やりきるつもりで過ごしましょう。

自分の「てこ」になる人を探す

決意表明したものを成功に導くために、重要なのがメンターの存在です。

ここで言うメンターというのは、存在自体があなたを勇気づけてくれる人のことです。具体的にアドバイスをもらえる人でなくても大丈夫ですし、ご本人にメンターになってください、と言う必要もありません。

たとえば、いつも出社前に立ち寄って、挨拶をするコンビニエンスストアのお兄さんがメンターかもしれません。あるいは、守衛のおじさん、定食屋さんのおばさんかもしれません。

自分が見たときに、前に進むための勇気づけとなる人物を設定した方がいいと思います。

もちろん、最初に決めたメンターが絶対というわけではなくて、変わってもいいのです。あなたの後ろ姿を見て、頑張ることができました、と言えるような距離感にいる人がいいでしょう。

たまに、芸能人や歴史上の人物をメンターにしたいという人がいます。ポジティブな夢や憧れのロールモデルとしてはいいと思いますが、そういう人は残念ながら対象になりません。

なぜならば、芸能人や偉人というのは、あまりにも現実味がないので、自分の負の感情を捨てるための勇気づけにはならないからです。

「学ぶは真似る」と言います。

身近なメンターを探し、その人の良いところを真似ましょう。

あなたがマイナス感情のときにその人の存在が心の支えとなります。

◯身の回りの師匠を探す

私はやっと家から出て100メートル以内のお店で働けるようになったときに、人に接することがダメだったので、朝ものすごく早く出社していました。

毎朝6時に外で掃き掃除、水まきをしていると、同じ時間に体操をしている、近所のおじさんやおばさんと顔を合わせることがありました。

そのうち、その方々が私に声をかけてくれるようになりました。

「おはよう、今日も頑張っているね」「ありがとうございます」と声を交わしていたのですが、その度に、自分みたいに感情にとらわれすぎて病気にならずに、毎日規則正しく生きている、その人たちの生き方がすごいと思うようになりました。

誰だって、身近な人から元気をもらった経験があると思います。

いつも食べに行く食堂のおばちゃんが楽しそうとか、居酒屋の大将がキラキラしているとか、意外とそういう人たちが、自分に変化のきっかけをくれるのだと思います。

さらに、その人に感謝の言葉を書くと、とてもいいと思います。

自分に軸ができて、強くなります。

もちろん、ありがとうの言葉だけでもいいのです。

自分から行うことに意味があります。

とてもシンプルな行為の連続が、あなたの負の感情を小さくしてくれます。

1秒でできるマインドフルネス瞑想法

とらわれをなくすために、瞑想を行うというのもよいでしょう。

私は小学校4年生のときに、統合失調症になって、そこから普通の生活を送ることができるように、いろいろなことを試してきました。

その中から本当に短い時間でできる瞑想法をご紹介していきたいと思います。

呼吸は自然にゆっくりするだけ

まず目を閉じて、呼吸はあまり意識しなくていいです。

心拍数と呼吸はいつも連動しています。焦っている人やイライラしている人は、心拍が速いので、呼吸も浅かったりします。

そういう人に無理に深呼吸を促すと、余計に心が苦しくなってしまうので、私はいつも好き勝手にやってくださいと伝えています。

仕事の途中で両手を上に伸ばしながら、「よーし、頑張るぞ!」と、やるときがあります。そのときに、私たちは自然に息を吸っています。なぜなら、息を吸うときに活力を上げる交感神経の働きが促されるからです。

そして、猛烈な仕事が一段落して、「はー疲れた!(終わって良かったという気持ちで)」と肩で息をするときがあります。

そのときに、私たちは息を吐いています。なぜなら、息を吐くときにリラックス効果のある副交感神経の働きが促されるからです。

あなたの自然にまかせて、ゆっくりと呼吸をする。これだけで自律神経が整い、心が整うきっかけになるのです。

心をゆるめる1秒間瞑想法

1つ目の瞑想です。

まずは立った状態で眉を両手で押さえます。ここは心拍数を下げるツボになっています。次に眉を押さえたまま首を曲げてぐっと、腰を折ります。

腰を折ることで、首のところにある延髄と腰のところにある仙骨を刺激することができます。ここを刺激することで副交感神経が優位になり、リラックスできて、ラクになるのです。

そのときにラクに息を吸って、吐きます。同時に自分の中でありたい姿をイメージするといいと思います。

たとえば、「やれる」とか「できる」「大丈夫」。それだけでも気持ちが満たされて、目の前の仕事や、やらなければいけないことに集中することができます。

私はパニック発作や過呼吸になりそうなときによく行っていました。

苦手な上司と話さなければいけない、試験前で緊張するとか、緊張や不安があった

１秒間瞑想法

①眉を両手で押さえて心拍数を下げる

②そのまま首を曲げて、腰も折ってリラックスする

③自分のありたい姿をイメージして、心の中で唱える

り、心が整ってないと感じたときに試してください。

トイレの中でもできるので、日常生活の中で利用するといいでしょう。

大地と太陽とつながる1分間瞑想法

次に2つ目の瞑想です。そもそも、マインドフルネスという言葉は、いろんな邪念を払って、一点に集中できるということです。家庭の問題やお金の問題、そうしたものを心の中に抱えていては、充実した仕事ができなくなります。

自分自身の心を満たしていくことで、目の前の仕事に集中すれば、能率も上がるし、結果も出せるということになります。

2つ目の瞑想は私が小さい頃から、実践していたものです。

誰しも経験があると思いますが、森の中や神社の境内を歩くと気持ち良くなったり、星を眺めると心が大きな状態になって心地良い状態になったりします。

大きな自然を感じると、今の社会生活から離れ、宇宙や地球から今を感じる客観的な心を持ち、私たちの心を平穏にさせてくれる効用があるのではないかと思います。

そうした大きな自然の力を借りた瞑想法です。

まず肩幅に合わせて足を開きます。両足の裏で地面や地球を感じて、さらにイメージで地球の熱い真っ赤なマグマを感じます。

そして、そのマグマの熱エネルギーを足から頭へ取り込むようなイメージで息を吸っていきます。

このときに腹式呼吸で、これ以上吸えないというところまで吸っていきます。そして、吸ったら全部、吐ききれなくなるぐらい吐きます。

息を吐ききるときに、「皆が幸せになりますように」という言葉を自分は、心の中で言っています。心のおまじないみたいなものです。

「自分が」というよりも、「皆が」と考えた方が、心は落ち着きます。自分が幸せになりますように、というよりも皆が幸せになりますようにということです。

トランスパーソナル心理学では、自分の意識、無意識のさらに奥に集合的無意識というものが存在しており、それが世界中の人とつながっている、という考え方があります。

私たちは、そもそも一つの遺伝子からスタートした、一つにつながっている存在です。「自分が」という言葉を発した途端に、それを意識するので、現実社会を思い出してしまいますが、「皆が」と言うと集合的無意識の方に自分の考えが向かうので、現実社会を忘れるきっかけになったりします。

足からエネルギーを得たら、次に頭からエネルギーを得る瞑想を行います。昼間であれば、太陽を意識して、夜であれば北極星を意識してください。最初はまぶしいというイメージを持ちます。

次に、おでこの真ん中の奥、脳の松果体というところに、太陽のエネルギーがぐーっと入るところをイメージします。そのときに同じように腹式呼吸で深く息を吸います。その温かいものをおへそのところに持っていきます。そして、息を吐きながら、「皆が幸せになりますように」と言います。

これを1日1回やっていただきたいと思います。私たちの行動や感情は習慣によってつくられます。良い習慣をつくるためにも、1日1回、3週間続けてみてください。習慣化されると、何かつらいことがあっても、この瞑想法で一旦、リセットができると思います。

私はこの瞑想法を毎朝行っています。太陽の光を浴びながら、雨でも空を見上げながら行うのです。その日、大切な出来事があって緊張していても、毎日毎日繰り返していると、1分で心が満たされて大切なことを大切に、私ができる限りの精一杯を生きよう、と集中した気持ちに変化します。

別に、毎朝でなくてもよいです。昼でも夜でも、できる場所があったら行ってみてください。

つらいときは、上から見下ろしてみる

つらいときは、そのことだけが大きく自分にのしかかる感覚がします。目の前のつらいことにとらわれるわけですが、つらいときほど、高い視点から状況を把握することが、つらさを軽減させるのです。

上昇目線と客観目線という考え方です。

たとえば、私たちが住んでいる社会を考えると、自分がいて、地域があって、会社があって、会社は国に属していて、国の上には世界があって、その上には宇宙があるということになります。

どこかで、つらいことがあったら、その上の視点で考えればいいのです。

これを高次の認知、メタ認知と言います。

会社でつらいなと思ったときに、ヨーロッパでは、難民問題で大変だし、難民の立場よりは、自分は幸せだなと、あえてメタ認知で自分の存在を捉え直すと、意外と過去の見方が変わります。現在の見方も変わります。

自分を超えて自分を見下ろす

とはいっても、「そんな簡単に俯瞰できないよ」という人もいるでしょう。

そうしたら、東京スカイツリーの展望台や高層ビルの最上階のような物理的に高い場所から下界を見下ろしてみてください。

仕事で悩んでいる人なら、できれば自分の会社が見下ろせる場所がいいと思います。「自分が嫌だと思っている会社って、あんなに小さい。そんなところで、悩んでいるなんてバカバカしいな……」と思えてくるはずです。

自分を超えて、自分を見てみると、自分がとらわれていた価値観が小さく感じられると思います。

そうすると、もっと大きな視点で考えてみようという気になるのです。日本の小さな会社の中で毎日悩みを抱えているよりは、もっと広い世界に出て、働いてみようとか、会社員でいるのもいいけれども、起業をしてみるのも楽しいかもしれない、と思えてくるはずです。

そう思えるきっかけをつくるためにも、つらいなとか、どうにもならないなと思ったら、ぜひ高い所から見下ろしてみてください。

ものの見方と解釈を変えれば、あなたが今感じている「世界」は、0・1秒で変わります。

参考文献

ボブ・ボウマン、チャールズ・バトラー著／中島早苗訳
『君もチャンピオンになれる』（サンマーク出版）
平井伯昌著
『世界でただ一人の君へ―新人類 北島康介の育て方』（幻冬舎）

働《はたら》く人《ひと》のための自己肯定感《じここうていかん》　朝日文庫

2021年5月30日　第1刷発行

著　　者　中島《なかしま》　輝《てる》

発 行 者　三宮博信
発 行 所　朝日新聞出版
〒104-8011　東京都中央区築地5-3-2
電話　03-5541-8832(編集)
　　　03-5540-7793(販売)

印刷製本　大日本印刷株式会社

Published in Japan by Asahi Shimbun Publications Inc.
定価はカバーに表示してあります

ISBN978-4-02-262035-4
落丁・乱丁の場合は弊社業務部(電話 03-5540-7800)へご連絡ください。
送料弊社負担にてお取り替えいたします。

朝日文庫

ドナルド・キーン著／金関　寿夫訳

このひとすじにつながりて
私の日本研究の道

京での生活に雅を感じ、三島由紀夫ら文豪と交流した若き日の記憶。米軍通訳士官から日本研究者に至るまでの自叙伝決定版。《解説・キーン誠己》

佐野　洋子

役にたたない日々

料理、麻雀、韓流ドラマ。老い、病、余命告知——。淡々かつ豪快な日々を綴った超痛快エッセイ。人生を巡る名言づくし！《解説・酒井順子》

深代　惇郎

深代惇郎の天声人語

七〇年代に朝日新聞一面のコラム「天声人語」を担当、読む者を魅了しながら急逝した名記者の天声人語ベスト版が新装で復活。《解説・辰濃和男》

本多　勝一

〈新版〉日本語の作文技術

世代を超えて売れ続けている作文技術の金字塔が、三三年ぶりに文字を大きくした〈新版〉に。わかりやすい日本語を書くために必携の書。

群　ようこ

ゆるい生活

ある日突然めまいに襲われ、訪れた漢方薬局。お菓子禁止、体を冷やさない、趣味は一日ひとつなど、約六年にわたる漢方生活を綴った実録エッセイ。

山里　亮太

天才はあきらめた

「自分は天才じゃない」。そう悟った日から地獄のような努力がはじまった。どんな負の感情もガソリンにする、芸人の魂の記録。《解説・若林正恭》